자연과 인간

自然と人間
by Kojin Karatani

ⓒ 2013 by Kojin Karatani

이 책의 한국어판 저작권은 저자와의 합의에 의해
독점 계약한 도서출판 b에 있습니다.
저작권법에 의해 한국 내에서 보호를 받는 저작물이므로
무단전재나 복제, 광전자 매체 수록을 금합니다.

자연과 인간

『세계사의 구조』 보유

가라타니 고진 | 조영일 옮김

도서출판 b

|일러두기|

- 이 책의 원문에는 각주가 전혀 없다. 저자는 직간접인용의 경우, 일부 장(1, 2, 3장)을 제외하고는 자세한 서지를 표기하고 있지 않으며, 이마저도 본문 안에 포함시키고 있다. 옮긴이는 이를 모두 각주로 처리하면서 옮긴이의 주와 구별을 두지 않았는데(일부 예외), 그것은 본문인용 관련서지를 제외한 나머지가 모두 역자의 주라는 사실에 혼동이 없을 것이라는 판단 때문이다. 인용문의 경우, 가능한 한 해당 원전을 확인한 후 번역하였고, 독자들의 편의를 위해 국역본의 서지사항도 덧붙였다.

차 례

한국어판 서문·· 9

Ⅰ. 재해 후에 읽는 『세계사의 구조』·············· 11
    1. 신의 나라····························· 13
    2. 철학의 기원·························· 21
    3. 아질과 재해유토피아···················· 33

Ⅱ. 자연과 인간······································ 41
    1. 인간과 자연의 교환관계················· 43
    2. economy와 ecology···················· 53
    3. 마르크스와 클라우지우스················ 61
    4. 글로벌리제이션과 환경이론·············· 69

Ⅲ. 제국주의와 신자유주의 ··················· 77

1. 제국 ··················· 79
2. 네이션 ··················· 85
3. 파시즘 ··················· 89
4. 자본의 전제(專制) ··················· 97
5. 아시오동산(足尾銅山)광독(鑛毒)사건 ······ 101

Ⅳ. 세계사에서의 정주혁명 ··················· 107

1. 유동적 수렵채집민 ··················· 109
2. 정주의 곤란 ··················· 115
3. 정주 혁명 ··················· 121
4. 호수제의 기원 ··················· 125
5. 유동성의 두 가지 타입 ··················· 129

Ⅴ.『세계사의 구조』안의 중국 ··················· 135

1. 세계사의 구조 ··················· 137
2. 세계=제국과 세계=경제 ··················· 143
3. 제국의 원리 ··················· 149
4. 제국의 연속성 ··················· 153
5. 제국의 국민국가화 ··················· 159
6. 새로운 제국과 제국주의 ··················· 163

Ⅵ. 동아시아에서 역사와 반복·················· **167**
   1. 국가에서 반복····················· 169
   2. 자본에서 반복····················· 173
   3. 현재의 단계······················ 179
   4. 다음 헤게모니국가, 자본주의의 종말·· 185
   5. 동아시아에서 역사와 반복············ 189
   6. 전쟁의 방기와 세계동시혁명·········· 193

Ⅶ. 데모를 하는 사회 ······················· **197**
   1. 언제부터 일본에서 데모가 사라졌는가·· 199
   2. 개인석출의 타입··················· 205
   3. 반원전 데모······················ 211
   4. 어셈블리························ 215

옮긴이 후기································**219**

한국어판 서문

　나는 2010년 6월 말『세계사의 구조』를 간행한 이래로 많은 인터뷰·대담·좌담회·강연에 나갔다. 그것은 이 책에서 충분히 쓰지 못한 것을 보충하고 싶었기 때문이었다. 예를 들어, 나는 거기서 교환양식D가 고대에 보편종교로서 개시되었다고 썼지만, 그 이외의 가능성도 생각하고 있었다. 「철학의 기원」이라는 제목의 강연에서 말한 것처럼 나는 그것을 이오니아의 '자연철학'에서 발견했다.

　그 후 2011년 3월 11일에 원전지진재해가 일어났다. 재해 후 내 생각이 근본적으로 바뀌지는 않았지만, 단 강조하고 싶은 부분은 바뀌었다. 첫째로, 나는『세계사의 구조』에서 교환양식을 고찰했는데, 주로 '인간과 인간' 사이에서 고찰했다. 그런데 그 근저에 있는 '인간과 자연' 사이의 교환관계에 대해 썼어야 했다고 생각했다. 둘째로, 나는 재해 후 바로 반(反)원전 데모에 참여하게 되었는데, 이것도『세계사의 구조』의 시점에서 다시 보고 싶었다. 그래서 그것을 몇 개의 논문으로 썼다.

　2011년 10월, 이상의 대담이나 강연 등을 모아『『세계사의 구조』를 읽는다』라는 책을 출판했다. 그것을 한국어판으로 출판하고 싶다는 요청을 받고 승낙했지만, 여러 사정 때문에 일단 대담·좌담회 부분은 제외하기로 했다.[1] 대신에 그 이후에 행해진 강연 등을 덧붙이기로 했다. 그리고 책 제목을 '자연과 인간'으로 바꾸었다. 따라서 이 책은 사실상 한국어판밖에 존재하지 않는다.

2013년 4월 30일
가라타니 고진

----

[1] 여기서 제외된 대담 및 좌담 등은 원래의 제목으로 따로 출간될 예정이다.

I. 재해 후에 읽는 『세계사의 구조』

1. 신의 나라

『세계사의 구조』(이와나미서점, 2010년 6월)를 출판한 시점에서 충분히 쓰지 못한 몇 가지가 있었습니다. 이에 대해서는 책을 간행한 이후 행했던 많은 인터뷰와 좌담에서 이야기할 기회가 있었습니다. 그때 다양한 전문분야의 사람들과 의견을 교환함으로써 책에 쓰지 못한 것도 논할 수 있었습니다. 하지만 3.11 동일본대지진이 일어났을 때, 나는 『세계사의 구조』에서 충분히 쓰지 못했다고 생각한 또 한 가지 문제에 직면했습니다. 그것은 '자연과 인간'이라는 문제입니다.

이것에 대해 서술하기 전에 몇 가지 사항에 대해 이야기해두고 싶습니다. 그중 하나는 일본의 문제입니다. 『세계사의 구조』에서는 일본에 대해 거의 논하고 있지 않습니다. 나는 세계사의 사건을 많이 논했는데, 이때 내가 선택한 것은 구조론적으로 의미가 있는 사건입니다. 이것을 고찰하고 나면, 일본에 대한 것도 대체로 그것으로 설명이 가능합니다. 그러므로 특별히 일본을 언급할 필요가 없었습니다. 다만 일본을 언급하지 않으면 보이지 않는 구조를 논할 때에는 일본을 예로 삼았습니다.

그중 하나가 봉건제입니다. 마르크스주의자는 전근대적인 시스템 일반을 봉건제라고 부르는 경향이 있으며, 또 그와 관련하여 봉건제를 서유럽에만 존재하는 고유한 현상으로 평가하는 경향이 있습니다. 이때 일본의 봉건제를 예로 들게 되면, 이상과 같은 견해를 물리치는 것이 가능합니다. 나는 봉건제를 '제국'의 아주변에 존재하는 고유한 시스템이라고 생각합니다. 유럽은 아시아의 제국 및 로마제국의 아주변에 있었고, 일본은 중국제국의 아주변에 있었습니다. 즉 봉건제는 세계시스템이라는 관점 없이는 설명할 수 없습니다.

그러므로 내가 일본을 예로 삼은 것은 일본을 특별히 취급하기 위함이 아닙니다. 내가 생각한 것은 '세계사의 구조'이고, 그것은 특정 국가나 네이션에 좌우되는 것이 아닙니다. 물론 내 인식이 일본에서 살아온 것으로부터 유래한다는 것 — 그에 따른 유리함이나 불리함도 포함해서 — 은 분명합니다. 예를 들어, 마지막 장 즉 '영원평화'에 이르는 세계시스템을 논할 때, 언급하지는 않았지만, 항상 전후일본의 경험을 염두에 두고 있었습니다. 한마디로 말해, 헌법9조의 문제입니다. 내가 그것을 언급하지 않은 것은 그것을 세계사적인 사건으로 생각하고 싶었기 때문입니다.

다시 말해, 내가 복수의 교환양식으로 세계사를 보기 시작한 것은 1990년대 『트랜스크리틱』에서입니다. 그때 나는 교환양식A의 고차원적인 회복으로서의 교환양식D를 생각했습니다. 그때까지는 사회주의나 공산주의, 또는 유토피아로 이야기되어온 것을 교환양식이라는 관점에서 명확히 하려고 했습니다. 하지만 『트랜스크리틱』의 시점에서는 교환양식D의 실현을 일국(一國) 안에서만 생각했습니다. 그것은 말하자면 '일국혁명'을 생각하는 것입니다.

D란 국가의 지양입니다. 하지만 그것은 일국만으로는 불가능한

것입니다. 국가는 항상 다른 국가에 대하여 국가로서 존재하기 때문에, 일국으로 국가를 지양하려고 해도, 다른 국가가 있는 한 불가능합니다. 다른 국가가 곧바로 개입해 올 것이고, 그것을 방어하려면, 스스로 강한 국가가 될 수밖에 없습니다. 실제 러시아혁명은 그와 같은 길을 걸었습니다. 그러므로 『세계사의 구조』에서 나는 교환양식D를 일국이 아닌 국가들을 포함하는 세계시스템에서 생각하려고 했습니다. 이때 깨달은 것은 그것이 칸트가 말하는 '세계공화국'과 같은 것이 된다는 점이었습니다.

예를 들어, 칸트는 이렇게 말하고 있습니다. "어떤 나라든 다른 국가와 대응하여 자국의 독립이나 소유권은 한순간도 안전하지 않다. 국가 간에는 서로 다른 나라를 굴종시키거나 그 소유권을 침해하려는 의지가 항상 존재하고 있다. 그리고 방위를 위한 군비가 평화 시기를 힘들게 하고 국내복지를 파괴적이게 만드는데, 이것은 때로 전쟁 그 자체보다도 매우 심하다."[1] 이것은 홉스적인 인식입니다. 하지만 칸트는 그와 같은 자연상태가 폐기되는 '영원평화'가 불가능하지 않다고 생각했습니다. '영원평화'란 단순히 전쟁이 없는 정도의 평화가 아니라 국가들의 적대 그 자체가 없는 상태, 즉 국가가 지양되는 상태를 말합니다. 문제는 그렇다면 그것이 어떻게 형성될 것인가 하는 데에 있습니다.

칸트 자신이 생각한 것은 국가연합이었습니다. 이 구상은 19세기 내내 헤겔을 시작으로 많은 사람들의 조소 대상이 되어왔습니다만, 제1차 대전 후에 국제연맹이라는 형태로 실현되었고, 다시 제2차 대전 후에는 국제연합이라는 형태로 존재하고 있습니다. 하지만 유엔은

1_ カント, 「理論と實踐」, 『啓蒙とは何か』, 篠田英雄 譯, 岩波文庫, 1974, 186頁.

칸트의 이념에 기초하고 있지만, 그로부터 매우 멀리 떨어져 있습니다. 왜냐하면, 거기에서 작동하고 있는 것은 교환양식B이기 때문입니다. 즉 그것은 강한 상대에게 복종함으로써 안전을 획득하는 '교환'입니다. 이것은 홉스적인 원리인 것입니다.

유엔의 안전보장이사회는 사실상 제2차 대전의 승전국이 지배하는 체제입니다. 여기에서는 유엔의 이름하에 실력을 가진 강국이 지배하고 있습니다. 또 강국이 없으면 유엔은 기능할 수도 없습니다. 실제로 아메리카와 같은 헤게모니국가가 유엔의 이름하에서 지배하게 됩니다. 그러므로 유엔을 강화하여 세계정부를 만들려고 해도, 그것이 교환양식B에 기초하고 있는 이상, 세계제국과 같은 것이 될 뿐입니다. 그리고 그렇게 되면 그에 대항하는 세력이 반드시 생겨납니다. 그러므로 이와 같은 방향에 '영원평화'가 존재할 수는 없습니다.

그렇다면 '세계공화국'은 어떻게 실현될까요. 또는 유엔은 어떻게 변할 수 있을까요. 나는 『세계사의 구조』에서 그것은 교환양식D, 즉 각국이 군사적 주권을 '증여'함으로써만 실현된다고 썼습니다. 세계정부의 경우, 각국은 주권을 '방기'할 수밖에 없습니다. 그런데 세계공화국의 경우, 그것은 적극적인 '증여'여야 합니다. 즉 세계공화국은 무력에 의한 것이 아니라 증여의 힘에 의해 성립합니다.

이 경우 내가 염두에 두고 있었던 것은 앞서 말한 것처럼 전쟁'방기'를 주장한 일본의 헌법9조입니다. 단 '방기'라고 하면, 강한 자에 대한 복종, 권리의 양도라는 뉘앙스가 있습니다. 그것이라면, 교환양식B입니다. 일본에는 헌법9조가 아메리카에 의해 떠맡겨졌다는 견해가 있습니다만, 이것도 '방기'를 그처럼 보는 것입니다. 일본의 전쟁방기가 그와 같은 것이라면, 그것은 현재의 세계시스템을 바꿀 수 없습니다. 전쟁방기가 현재의 세계시스템을 바꾸기 위해서는, 바꿔 말해 세계공화국으로의 일보를 내딛기 위해서는, 그것은 단순히 교전권을 방기하는 것이 아니라 적극적으로 '증여'하는 것이 되어야 합니다.

증여하는 상대는 유엔, 그리고 거기에 가입되어 있는 모든 나라입니다. 나는 헌법9조를 가진 일본이 그것을 실행하는 데에 있어 가장 적합하다고 생각했습니다. 그러나 이것은 특별히 일본이 아니면 안 된다는 말은 아닙니다. 일본에는 헌법9조가 이미 존재하지만, 그것을 실행하는 것은 결코 용이하지 않습니다. 다시금 '혁명'이 필요합니다. 그러므로 다른 나라가 먼저 실행하는 것이 가능합니다.

이 경우, 어떤 나라가 먼저 그렇게 하건 그것은 '일국혁명'일 수 없습니다. 그것은 증여받은 측을 변하게 할 것이기 때문입니다. 그러므로 그것은 '일국적'임에도 불구하고 '세계동시적'인 것입니다. 이 점에 대해서는 인터뷰나 좌담회에서 여러 번 이야기했습니다. 그러므로 여기서 반복할 필요는 없다고 생각합니다.

다만 교환양식D로서의 세계시스템과 관련하여 한 가지 보충하고 싶은 것이 있습니다. 나는 교환양식D가 보편종교를 통해 나타난다고 썼습니다. 그것은 보편종교를 세계시스템 속에서 봐야 한다는 것을 의미합니다. 우선 보편종교가 나타나는 것은 광범위한 국가를 통합하는 광역국가(제국)가 존재할 때입니다. 즉 보편종교는 그때까지의 부족이나 국가의 종교가 통용되지 않는 세계=제국에서 등장합니다. 그런 의미에서 보편종교는 세계시스템과 관련이 있습니다.

물론 보편종교는 제국에 대항하는 것이기 때문에 처음에는 탄압을 받습니다. 하지만 그것이 확대됨에 따라 세계제국은 역으로 그것을 국교로 활용하려고 합니다. 다수의 부족이나 국가를 통합하는 제국은 그들의 신들을 넘어선 보편종교를 필요로 하기 때문입니다. 그것에 의해 보편종교는 확립이 됨과 동시에 타락한다고 해도 좋을 것입니다.

하지만 보편종교가 그것으로 끝나는 것은 아닙니다. 제국에 대항하는 요소가 그곳에 계속 남아있기 때문입니다.

예를 들어, 아우구스티누스는 로마제국이 기독교를 국교로 삼았기 때문에 멸망했다는 비판에 대하여 로마제국 그 자체에 멸망의 원인이 있었다는 반론을 폅니다. 애당초 '전쟁을 통해 획득한 광대한 영역에 대한 제국지배'에 '정의'가 있는지 그는 묻습니다.

> 정의가 사라질 때, 왕국은 거대한 도적단이 아닐까? 도적단도 작은 왕국이지 않은가? 도적단도 인간의 집단이며, 수령의 명령에 지배되어 도당을 조직할 뿐만 아니라 단원의 규약에 따라 약탈품을 분배한다. 이런 도적단은 못된 무리들을 참여시켜 큰 무리를 이루어 영토를 확보하고 거주지를 확정하고 도시를 점령하여 여러 민족을 정복하게 될 때, 점점 공공연히 왕국의 이름을 참칭한다. 그와 같은 이름이 공공연히 거기에 부여되는 것은 그런 탐욕이 억제되었기 때문이 아니라 징벌을 면했기 때문이다. 어떤 해적이 붙잡혀 알렉산더대왕에게 한 대답은 너무나 적절하며 진실을 꿰뚫고 있다. 즉 대왕이 해적에게 "왜 바다를 어지럽히느냐?"라고 물었을 때, 해적은 조금도 주눅 들지 않고 "폐하가 전 세계를 어지럽히는 것과 같습니다. 다만 저는 작은 배로 하기 때문에 도적이라고 불리고, 폐하는 대함대로 하시기 때문에 황제라고 불릴 뿐입니다"라고 답했다는 것이다.[2]

2_ アウグスティヌス, 『神の國』第4卷 第4章, 服部英次郎 譯, 岩波文庫, 分冊(1), 1982, 273頁(아우구스티누스, 『신국론』, 조호연/김종흡 옮김, 현대지성사, 1997, 226-227쪽).

로마제국을 지지하는 사람들은 그것이 그때까지의 국가를 넘어선 어떤 원리를 가지고 있다고 말합니다만, 아우구스티누스는 로마제국이 도적단과 같다는 것입니다. 즉 교환양식이라는 관점에서 보면, 국가는 교환양식B에 의한 지배인데, 국가들을 통합한 '제국'도 그것을 넘어서는 것은 아닙니다. 국가와 마찬가지로 교환양식B에 의한 지배입니다.

아우구스티누스가 말하는 '신국(신의 나라)'은 제국과는 다릅니다. 그가 '신국'이라고 할 때, 국(키비타스civitas, 國)은 그리스어 폴리스(도시국가)에 대응하는 라틴어입니다. 덧붙이자면, 영어로는 City of God으로 번역됩니다. 단 '신국'의 '국'은 당연히 국가나 제국이 아닐 뿐만 아니라 폴리스도 아니고, 말하자면 폴리스연방과 같은 것을 의미합니다. 그것은 제국에 대항하는 것으로서 존재합니다. 나는 칸트의 '세계공화국'에 대해 생각할 경우, 아우구스티누스의 '신의 나라'로 거슬러 올라가봐야 한다고 생각합니다. 그렇게 보면, 칸트가 세계공화국을 국가연방으로 형성시키려고 한 의도가 명백해집니다.

내가 생각하기에 이와 같은 폴리스연방으로서의 '국'의 원형은 이오니아의 탈레스가 구상한 폴리스연방에 있습니다. 그는 제국에 대항하여 폴리스연합체를 형성시키려고 했지만, 실패로 끝났고, 그 결과 이오니아도시는 몰락하게 됩니다. 그 후 아테네가 페르시아와의 전쟁을 통해서 자신의 지위를 높이고 델로스동맹의 맹주가 됐지만, 그것은 폴리스연방과는 거리가 먼 '제국주의'적인 것이었습니다. 그 결과 스파르타를 중심으로 한 다른 폴리스의 저항을 받았고, 그것이 펠로폰네소스전쟁이 되었던 것입니다. 이후에도 그리스의 도시들은 폴리스연방을 형성하지 못한 채로 마케도니아 알렉산더대왕의 제국에 정복을 당해 단순한 행정구역으로 전락했습니다. 이 제국을 계승한 것이 로마

제국이고, 그리고 그것을 도적단으로서 비판한 것이 아우구스티누스의 '신국'입니다. 이렇게 보면, 칸트의 '영원평화'를 위한 구상이 세계정부(제국)가 아니라 국가연방으로서 생각되었다는 말이 단순한 착상이 아니라는 점이 납득될 것입니다.

2. 철학의 기원

　다음으로 교환양식D와 관련하여 또 한 가지 문제가 있습니다. 나는 D가 보편종교의 형태로 나타난다고 서술했습니다. 하지만 그때 나는 D가 종교라는 형태를 취하지 않고 나타나는 것은 없을까 생각했습니다. 종교라고 하면 그것이 아무리 사제·신관을 부정한다고 해도, 확대되어감과 동시에 같은 체제를 취하게 되고, 결국은 교권국가와 같은 것이 되어버리기 때문입니다. 그것은 현재도 마찬가지입니다. 종교는 국가나 자본에 대항하는 운동으로서 지금도 강력한 힘을 가지고 있지만, 교권국가가 되어버리는 경향 또한 있는 것이 분명합니다.
　그때 나는 이오니아(현재 터키의 지중해 연안지역)의 자연철학을 생각했습니다. 일견 그것은 종교에 반(反)하는 것입니다. 왜냐하면, 탈레스 이래의 자연철학자는 모두 신 관념을 비판했기 때문입니다. 그것은 통렬했습니다. 예를 들어, 크세노파네스[1]는 의인적인 신 관념

----

[1] Xenophanes: B.C. 560/570?-B.C. 470/480?. 이오니아 지방 콜로폰(Kolophon)에서 출생. 일부 학자들은 그가 페르시아 군대가 콜로폰 일대를 장악했을 때 고향을 떠나 시칠리아섬의 잔크레(Zancle, 오늘날의 메시

을 비판하면서 다음과 같이 말했습니다. "만약 소나 말이나 사자가 손을 가지고 있다고 한다면, 또는 손으로 그림을 그리고 인간이 만드는 것과 같은 작품을 만들 수 있다고 한다면, 말들은 말을 닮은 신의 모습을, 소들은 소를 닮은 신의 모습을 그리며 각기 자신들의 모습과 같은 몸을 만들 것이다"[2]

하지만 크세노파네스는 무신론자가 아닙니다. 그는 그와 같은 의인적 신들을 비판하는 근거로서 '유일한 신'을 발견하고 있습니다. 그때 그는 신에 대해 근본적으로 새로운 시점을 제기한 것입니다. 그는 다음과 같이 서술했습니다. "유일한 신은 신들과 인간 가운데에서 가장 위대하며, 모습이나 사유에서도 죽어야 하는 자들을 조금도 닮지 않았다"[3] 이와 같은 사고는 스피노자와 닮아 있습니다. 스피노자는 신=자연=세계라고 생각하고 인격신은 인간의 유아기 가족체험에 기초한 상상물에 지나지 않다고 비판했는데, 그때 만약 삼각형이 신을 생각한다면, 그 신은 삼각형의 모습을 하고 있을 것이라고 야유했습니다.

하지만 그보다 2,000년 전에 크세노파네스가 같은 것을 말하고 있는 것입니다. 게다가 이와 같은 사고를 제기한 것은 크세노파네스가 처음

니아로 갔다고 추정하지만, 확실하지는 않다. 이후 방랑시인이자 사상가로 수십 년간 지중해 각지를 떠돌다 식민도시인 엘레아(Elea)에 정착하였다. 아리스토텔레스와 플라톤은 그를 파르메니데스의 스승이자 엘레아학파의 시조로서 진술하고 있으며, 현대의 철학연구자들 중 상당수도 이런 견해를 받아들이고 있다. 다신론과 의인화된 신(神)이라는 전통적인 그리스의 신관을 거부했다.

2_ 內山勝利編, 『ソクラテス以前哲學者斷片集』(第1分冊), 岩波書店, 2008, 273頁 [김인곤 외 편역, 『소크라테스 이전 철학자들의 단편선집』, 아케넷, 2005, 206쪽].

3_ 內山勝利編, 위의 책, 277頁[김인곤 외 편역, 위의 책, 206-207쪽].

이 아닙니다. 그 이전에 이오니아의 자연철학자들은 이미 그처럼 생각하고 있었습니다. 즉 그들은 올림포스의 신들과 같은 것을 통렬히 비판하고 '자연(physis)'이라는 관념에서 사회, 역사를 보려고 했습니다. 그런데 이때 그들은 어떤 의미에서 새로운 신, 혹은 새로운 사회에 대한 관념을 제기하고 있었던 것입니다.

그것은 플라톤이나 아리스토텔레스와 같은 아테네의 철학자들과는 이질적인 것입니다. 플라톤이나 아리스토텔레스의 '철학'은 이후 기독교신학에서 불가결한 것이 되었습니다. 그리고 그것은 이오니아 자연철학에서 온 사상을 오랜 기간에 걸쳐 봉입했습니다. 그것이 부활한 것은 르네상스기로, 지오다노 브루노[4]나 스피노자를 통해서였습니다.

반복하자면, 이런 자연철학은 일견 종교를 부정하고 있지만, 어떤 의미에서 새로운 종교를 개시하는 것이기도 합니다. 나는 보편종교에 관해 그것이 애당초 '종교비판'으로 나타났다고 썼습니다.[5] 그것은 공동체나 국가의 종교, 바꿔 말해 사제나 신관에 대한 부정입니다. 유대에서의 보편종교는 예언자에 의한 사제종교에 대한 비판으로서 시작되었는데, 그것과 이오니아에서 자연철학이라는 형태로 나타난

4_ Giordano Bruno: 1548-1600. 이탈리아 르네상스 기의 자연철학자, 스콜라 철학과 로마 가톨릭 교회의 반대자. 프랑스, 영국, 독일을 유랑한 후, 1591년 이탈리아에 귀국, 체포되어 종교 재판에 의해 1600년 로마에서 화형에 처해졌다. 그의 사상은 유물론을 포함하여 고대 그리스의 철학사상, 특히 코페르니쿠스의 지동설로부터 영향을 받았다. 범신론적 세계관을 지녔고, 무한히 넓은 세계는 우주 영혼에 의해 인도된다고 하였으며, 모든 것은 그로부터 자기 자신의 활동력을 갖는다고 하였다. 그리고 세계는 즉 자연이라고 하여 유물론적 견해를 보였다.

5_ 가라타니 고진, 『세계사의 구조』, 조영일 옮김, 도서출판 b, 2012, 210쪽.

종교비판은 평행(parallel)합니다. 그것도 거의 동시대적입니다.

보편종교는 원래 그것이 대항해온 국가나 공동체로 회수되고 말았습니다만, 실은 그와 같은 일이 철학에서도 일어났습니다. 앞서 말한 것처럼 이오니아 자연철학은 아테네에서 아테네의 국가적 철학(플라톤, 아리스토텔레스)으로 회수되었습니다. 게다가 플라톤이나 아리스토텔레스는 각각 기독교가 국교로서 확립됨과 더불어 형성된 신학에 불가결한 이론을 제공했습니다.

그렇게 보면, 이오니아에서 시작된 자연철학과 예언자에 의해 창시된 보편종교는 유사한 위상에 있다는 것을 알 수 있습니다. 내가 그렇게 생각하게 된 원인 중 하나는 예언자에 대한 막스 베버의 생각 때문입니다. 일반적으로 유대에서 시작된 종교는 예언자에 의한 것이며, 아시아의 종교는 그렇지 않다고 이야기됩니다. 하지만 베버는 붓다나 노자, 공자 등도 예언자라는 것입니다.

그는 예언자를 윤리적 예언자와 모범적 예언자라는 두 가지로 나누었습니다. 전자의 경우, 구약성서의 예언자나 예수 또는 무하마드처럼 신의 위탁을 받아서 그의 의지를 고지하는 매개자입니다. 후자의 경우, 예언자는 모범적인 인간이고 자신의 범례를 통해서 다른 사람들에게 종교적 구원에 이르는 길을 보여줍니다. 즉 베버는 통상 예언자로 간주되지 않는 사상가를 예언자로 간주함으로써 기존 세계종교의 구분을 폐기한 것입니다.

마찬가지로 나는 보편종교와 철학의 구별을 폐기해야 한다고 생각합니다. 예를 들어, 붓다나 노자, 공자 등도 원래는 종교가가 아닙니다. 그들은 인도나 중국에서 많은 도시국가가 난립하는 가운데에서 활동한 자유사상가입니다. 그것은 고대그리스의 수많은 도시국가에서 나온 자유사상가와 공통적일 뿐만 아니라 동시대적이기도 합니다. 이후

붓다는 불교, 노자는 도교, 공자는 유교의 교조로서 간주되고 있지만, 그들은 그리스에서 '철학자'라고 불린 사람들과 크게 다르지 않습니다.

플라톤이나 아리스토텔레스는, 이오니아의 자연철학자는 그저 외적 자연에 대해서만 생각했을 뿐이고, 윤리나 자기의 문제에 대해 생각하게 된 것은 소크라테스부터라고 말합니다. 하지만 그렇지 않습니다. 윤리란 개인이 어떻게 살 것인가와 관계가 있는 것입니다. 그런데 사람은 공동체에 내속되는 상태에서 바깥으로 나왔을 때 비로소 개인이 됩니다. 그때 처음 '자기'가 발견되고, 또 '윤리'가 문제시되는 것입니다. 그런 의미에서 윤리나 자기가 문제시된 것은 우선 이오니아에서입니다. 동시대 아테네에서는 그와 같은 문제가 존재하지 않았습니다. 왜냐하면 그곳에서 개인은 씨족사회의 전통을 강하게 이어받은 공동체에 종속되어 있었기 때문입니다.

이것과 관련하여 말하자면, 소크라테스는 플라톤이 창작한 것과 같은 인물이 아닙니다. 예를 들어, 그는 이데아론이나 철인왕의 사상과는 무관합니다. 또 소크라테스에 대해서는 지적인 측면이 강조되지만, 주의해야 하는 것은 오히려 그는 항상 다이몬(정령)에 호출되는 타입의 인간일 뿐만 아니라, 항상 그런 금지의 음성을 따랐다는 점입니다.

예를 들어, 소크라테스는 재판 이전에도 이후에도 도망갈 수 있었지만, 그렇게 하지 않았습니다. 그래서 그 이유를 이래저래 추측하지만, 그가 처형으로부터 도망가지 않았던 이유는 명확합니다. 다이몬이 도망가라고 하지 않았기 때문입니다. 소크라테스에 대한 다이몬(daimon)의 금지 중에서 가장 중요한 것은 다음과 같은 것입니다. "진정으로 정의를 위해 싸우려고 하는 사람이 그러고도 잠깐이나마 몸을 지키려고 한다면, 사인(私人)으로서 있는 것이 필요하며 공인(公人)으로

서 행동해서는 안 된다."⁶

이와 같은 지령을 따랐을 때, 소크라테스는 아테네에서 일반적으로 승인되고 있는 가치, 즉 공인으로서 활약하고 정치적 지도자가 되는 것을 거부하는 것이 됩니다. 이것은 아테네의 가치체계를 부정하는 것입니다. 아테네에서 '덕'이란 정치능력, 즉 공적인 장에서 능숙히 언론(로고스)을 구사하는 기술을 의미합니다. 부유한 시민이 자제로 하여금 소피스트로부터 변론술을 배우게 했던 것은 그 때문입니다. 그런데 소크라테스는 그와 같은 '덕'의 가치를 인정하지 않습니다. 공인이 되지 않고 사인으로서 '정의를 위해 싸웁니다'. 구체적으로 말해, 그는 항상 광장에 가서 아무 시민에게나 말을 걸어 문답에 끌어들입니다. 즉 그는 시민에게 달라붙어 꼭꼭 찌르는 '등에'였습니다. 이런 인물이 돈을 받고 변론술을 가르치는 소피스트보다 훨씬 번거롭고 위험했던 것은 분명합니다.

소크라테스는 저작을 전혀 쓰지 않았습니다. 하지만 사후에 오히려 서서히 큰 영향을 끼치게 됩니다. 이런 인물을 어떻게 부르면 좋을까요, '모범적 예언자'가 가장 어울린다고 생각합니다. 예를 들어, 키르케고르는 『아이러니의 개념』 등에서 소크라테스와 예수를 비교하면서 사고했는데, 거기에는 근거가 있다고 생각합니다.

그렇지만 소크라테스는 철학의 창시자가 아닙니다. 철학의 기원은 이오니아에 있었는데, 이후 그것이 억압되었다가 소크라테스에서 회귀한 것입니다. 게다가 그것은 소크라테스가 의식하고 행했던 것이 아니었습니다. 이오니아적인 것은 말하자면, '억압된 것의 회귀'로서

6_ プラトン, 『ソクラテスの弁明』, 久保勉 譯, 岩波文庫, 1964, 48頁(플라톤, 「소크라테스의 변론」, 『플라톤의 네 편의 대화』, 박종현 옮김, 서광사, 2003, 154쪽).

소크라테스에게서 나타났습니다. 즉 그것은 다이몬의 음성이라는 형태로 일어났던 것입니다.

그렇다면 왜 이오니아일까요. 이오니아의 도시들은 그리스 본토에서 온 식민자가 만들었습니다. 바꿔 말해, 이오니아의 폴리스는 기존의 부족공동체에서 한 번 이탈한 사람들의 '계약'에 의해 만들어진 공동체입니다. 계약은 아폴론신의 이름으로 이루어졌습니다. 하지만 이와 같은 과정은 도시국가의 형성에서 흔한 사례입니다. 예를 들어, 유대교에서는 인간과 신의 계약이 특별한 것으로 이야기되지만, 이것은 많은 부족이 신의 힘으로 맹약하는 것을 의미하지 유대에만 한정된 것은 아닙니다. 이런 '계약'이 유대교로서 존재하게 되는 것은 유대왕국이 멸망하고 많은 사람들이 '바빌론 포로'가 된 시기입니다. 즉 유대교는 부족적인 연결, 국가나 공동체적인 소속에서 벗어난 개인들의 새로운 '계약'으로서 창시된 것입니다.

이와 같은 시기 그리스본토로부터의 이민이 이오니아에 도시국가 (폴리스)를 형성시켰습니다. 폴리스라고 하면, 아테네가 항상 예로서 제시되지만, 아테네나 스파르타와 같은 본토의 폴리스에는 씨족사회의 전통이 농후하게 남아있었습니다. 폴리스에 고유한 원리가 생겨난 것은 식민자가 만든 이오니아의 폴리스에서입니다. 이오니아의 도시들은 이윽고 아시아 전역에 걸친 교역의 중심이 되었습니다. 그리고 그곳에서 아테네나 스파르타의 농민=전사적인 문화와는 근본적으로 이질적인 문화가 생겨났습니다. 그리스문자, 통화, 그리고 호메로스, 헤시오도스, 즉 그리스의 고유한 문화라고 간주되는 것들은 여기서 생겨난 것입니다.

이오니아 폴리스의 원리는, 한마디로 말해 이소노미아(무지배)입니다. 이것은 데모크라시(다수자지배)와 동일시되지만, 한나 아렌트가 말한 것처럼 이질적인 것입니다.[7] 데모크라시에서 자유와 평등의 원리는 대립하는 것입니다. 자유는 자주 불평등을 가져오며, 그것을 평등하게 하는 것은 자유의 억제를 초래합니다. 이것은 아테네에서든 근대민주주의에서든 마찬가지입니다. 그런데 이소노미아에서는 각자가 자유이기 때문에 평등합니다. 내가 생각하기에 이소노미아는 교환양식 D의 출현입니다.

그렇다면 왜 이런 것이 이오니아에서 생겨난 것일까요. 내가 추측하기에 그것은 이오니아에 끊임없는 식민활동이 있었기 때문입니다. 이것과 닮은 것은 영국과 그 외 유럽으로부터의 이민에 의해 만들어진 18세기 아메리카의 '타운'입니다. 식민을 해온 사람들은 타운에 들어가면, 일정 규모의 토지를 부여받았습니다. 그곳에 대토지소유는 존재

---

[7] 참고로 한나 아렌트는 다음과 같이 말하고 있다(옮긴이).

> 정치현상으로서의 자유는 그리스 도시국가의 출현과 함께 생겨났다. 헤로도토스 이래 그것은 시민이 지배자와 피지배자로 분화되지 않고 무지배(no rule)관계 하에서 집단생활을 하는 정치조직의 한 형태를 의미했다. 이 무지배라는 관념은 이소노미아(isonomia)라는 단어로 표현되었다. 고대인들이 서술하고 있는 것에 따르면, 여러 가지 통치형태 속에서 이 이소노미아의 두드러진 성격은 지배의 관념(군주정monarchy이나 과두정oligarchy의 ἄρχειν—통치하다—에서 온 '-archy'나 민주정democracy의 κρατεῖν—지배하다—에서 온 '-cracy')이 완전히 결여되어 있다는 점에 있었다. 도시국가는 민주정이 아니라 이소노미아라고 생각되었다. '민주정'이라는 말은 당시도 다수지배, 다수자의 지배를 의미하고 있었지만, 원래는 이소노미아에 반대했던 사람들이 만든 말이었다. "여러분이 말하는 '무지배'란 실제로는 다른 종류의 지배관계에 지나지 않는다. 그것은 최악의 통치형태, 즉 민중(데모스)에 의한 지배이다." 즉 토크빌의 통찰에 따라 우리가 자주 자유에 대한 위협이라고 생각되는 평등은 원래 자유와 거의 같은 것이었다.(한나 아렌트, 『혁명론』, 홍원표 옮김, 한길사, 2004, 97-98쪽)

하지 않았습니다. 금지되어 있었기 때문이 아니라, 대토지소유를 유지하기 위해서는 노동자를 고용해야 했는데, 노동자가 없었기 때문입니다. 토지를 가지고 있지 않은 사람은 대토지소유자 밑에서 임금노동을 하기보다는 다른 타운이나 프론티어(frontier)[8]로 이동했습니다. 어떤 타운에 불평등이 존재하면, 옆으로 이동합니다. 이와 같은 이동성(자유)이 평등을 가져온 것입니다.

이와 같은 독립자영농민에 의해 형성된 사회원리는 '타운십(township)'[9]이라고 불렸는데, 그것은 이오니아에서의 이소노미아와 유사합니다. 여기서 사람들은 그저 평등한 권리를 갖는 것만이 아니라, 실제로 사용자-고용자라는 불평등관계(화폐와 상품의 관계)를 가지지 않습니다. 그와 같은 관계가 싫으면, 다른 토지로 이동하면 되기 때문입니다. 따라서 여기서는 자유이기 때문에 평등합니다. 하지만 이것은 프론티어가 사라지고 정주를 하기 시작하면, 성립하지 않게 됩니다. 아메리카의 경우, 독립혁명 이후에 타운십은 유명무실한 것이 되었습니다. 대신에 데모크라시(다수자지배)가 지배적 원리가 되었습니다.

흥미로운 것은 타운십이 있었을 때, 그것을 훌륭한 원리라고 생각하지 않았다는 것입니다. 자각 없이 행한 것의 의미를 깨닫는 것은 그것이 멸했을 때입니다. 그것은 이오니아의 자연철학에 대해서도 해당됩니다. 이와 같은 이소노미아가 이오니아의 자연철학을 가능하게 했다고 말할 수는 있지만, 그것이 '철학'으로서 인식된 것은 오히려 이소노미아가 내적·외적으로 위기상태에 처했을 때입니다. 그 대표적인

···· 8_ 국경지방, 변경지방.
    9_ 미국 및 캐나다에서 이주시대(移住時代)에 시행한 공유토지의 분할제도.

예가 탈레스입니다.

　탈레스는 천문학자이자 기하학자 또는 '만물의 근원물질은 물이다'라고 말한 자연철학자로 알려져 있지만, 앞서 서술한 것처럼 정치가로서 이웃나라 리디아의 침략에 대비하여 폴리스 사이의 연방조직을 만들려고 한 인물입니다. 그것이 실패로 끝났을 때는 각 폴리스의 이소노미아가 이미 내부적으로 와해되고 있었다는 것을 보여줍니다. 그 결과 이오니아의 도시들은 이웃나라 리디아, 그리고 페르시아에 종속되기에 이릅니다.

　따라서 '자연철학'은 어떻게 이소노미아를 확보할 것인가 하는 문제의식과 분리될 수 없습니다. 그것은 헤라클레이토스, 파르메니데스, 엠페도클레스에 이르기까지 면면히 이어지고 있습니다. 한편 아테네의 철학에는 그와 같은 것이 없습니다. 그것은 공동체·국가의 질서를 어떻게 확보할 것인지에만 관심을 갖기 때문입니다. 다만 앞서 말한 것처럼 이오니아적인 것은 소크라테스에게서 기적적으로 나타났습니다. 그는 공인과 사인의 구별에 의해 성립하는 아테네의 데모크라시(다수자지배)에 이의를 제기했습니다. 이소노미아에서는 공적/사적의 구별이 없습니다.

　하지만 그것은 소크라테스의 후계자에 의해 잊혀졌습니다. 그중 한 사람이 플라톤입니다. 그는 철인왕이 지배하는 국가를 구상했습니다. 이것은 피타고라스교적인 것으로 이오니아적인 정치사상을 부정하는 것입니다. 또 하나는 옛날부터 제자였던 안티스테네스[10]나 디오

　　10_ Antisthenes: B.C. 444-B.C. 365. 아테네 출생. 고르기아스에게서 변론술을 배우고, 이후 소크라테스의 제자가 되었다. 플라톤의 이데아론에 반대하여 진실로 존재하는 것은 개개의 사물뿐이라고 주장했다. 또 욕심을 떠난 덕(德)만이 최상의 것이며 쾌락은 기만적인 것이기에 노력

게네스와 같은 견유학파입니다. 그들은 소(小)소크라테스파라고 불리고, 어떤 의미에서 소크라테스와 유사한 점이 있습니다. 그들은 '사인(私人)'으로서, 따라서 코즈모폴리턴으로서 살았던 소크라테스를 계승했습니다. 하지만 그들은 소크라테스에게 있던 폴리스(정치)적인 면을 잃어버렸습니다. 그래서 그것은 스토아학파의 선구자가 되고, 헬레니즘제국 하에서 정치적으로 무력하게 된 개개인에 적합한 철학이 되었습니다.

나는 이상과 같은 것을 『세계사의 구조』를 출간한 후 줄곧 생각해왔습니다. 그것이 어느 정도 정리되었기 때문에 『철학의 기원』이라는 책으로 출판될 예정입니다[11].

···· 에 의해 얻어진 것만이 영속적이라고 보았다. 제자로 디오게네스가 있다.
11_ 이 책은 도서출판 b에서 같은 제목의 단행본으로 출간될 예정이다.

3. 아질과 재해유토피아

다음으로 이야기하고 싶은 것은 교환양식D가 보편종교나 철학 이외의 형태로도 나타난다는 점입니다. 그 일례로 『세계사의 구조』에서는 쓰지 않았지만 아질(asyl)이 있습니다. 국가사회가 되면, 유동민사회는 물론이고 씨족사회에 있던 유동성도 사라지게 됩니다. 사람들은 고정된 공동체나 사회관계의 속박을 받습니다. 하지만 그것이 어떤 형태로 회복되는 사례가 있습니다. 그것이 '아질(피난소)'입니다. 그곳에 들어가면, 그때까지의 사회적 구속에서 해방됩니다.

아질은 전제적 국가사회에도 보편적으로 존재하고 있습니다. 일본에서는 가케코미데라(驅け込み寺)[1]가 유명합니다. 그곳으로 도망친 여성은 이혼을 할 수 있었습니다. 실제로 도망치지 않아도 그럴 가능성이 있다는 것만으로 남편은 이혼을 승인할 수밖에 없었습니다. 고대 그리스의 폴리스에도 노예가 도망쳐 숨을 수 있는 아질이 있었습니다.

1_ 에도시대에 남편과 헤어지기 위해 도망쳐온 여자를 보호하고 이혼이 이루어질 수 있도록 도와주었던 절.

그것을 통해 노예 신분에서 벗어날 수는 없었지만, 주인을 바꿀 수는 있었다고 합니다. 주인은 그런 수치스러운 일을 당하고 싶지 않기 때문에, 노예를 학대할 수 없었습니다. 이런 식으로 아질은 사회적인 구속이나 제한에서 인간을 해방시키는 윤리적인 의의를 가졌습니다.

물론 그것은 휴머니즘에 기초하고 있는 것이 아닙니다. 오르트빈 헨슬러[2]는 아질은 원래 주술적인 기원을 가지고 있고, 본래 윤리적인 의미를 가지고 있지는 않았다고 서술하고 있습니다.[3] 하지만 주술적인 것과 윤리적인 것은 본래 분리할 수 없는 것입니다. 그것을 이해하기 위해서는 주술이라고 불리는 것을 교환이라는 관점에서 다시 볼 필요가 있습니다.

그 전제로서 애니미즘, 즉 만물에 아니마(정령)가 존재한다는 사고가 있습니다. 예를 들어, 사자(死者)나 동물에 아니마가 있다고 생각합니다. 그러므로 그것들을 단순한 사물로서 다룰 수 없습니다. 그 때문에 수렵채집민의 단계에서도 사람들은 사자를 매장했으며, 수렵 때에 공희(供犧)를 지냈습니다. 그것을 통해 아니마의 재앙을 피했습니다. 이런 의미에서 장례나 공희는 사자나 동물과의 교환관계인 셈입니다. 더욱이 다음 단계로서 이 아니마에 적극적으로 증여를 함으로써 그 답례를 강요합니다. 이것이 주술입니다. 주술은 호수적 교환으로서 존재했던 것입니다.

만물에 아니마가 있다는 사고는 인류 초기부터 있었고, 따라서 상대를 —— 인간만이 아니라 동식물도 —— 그저 사물로 다룰 수는 없다는

2_ Ortwin Henssler: 1923- . 슈투트가르트 출생. 오랫동안 바덴과 뷔르템베르크주의 사법부에서 판사로서 활동했다.

3_ オルトヴィン・ヘンスラー, 『アジール:その歴史と諸形態』, 舟木徹男 譯, 國書刊行會, 2010.

사고가 존재했습니다. 유동적인 수렵채집민들도 수렵 전에 공희를 지내고, 사람이 죽으면 매장을 했습니다. 씨족사회에서 그와 같은 공희나 장례는 강화되었습니다. 여기서 주술이 발달했습니다. 주술이란 아니마에게 증여를 함으로써 그 답례를 기대하는 호수교환인 것입니다. 그런데 국가사회가 되면, 상대를 그저 사물로 다루게 됩니다. 그렇게 하지 않으면, 다른 부족을 멸망시켜 지배를 하거나 타인을 복종시키는 것이 불가능하기 때문입니다. 그런데 국가사회가 성립해도 국가권력이 미치지 않는 영역이 생겨납니다. 이것이 아질입니다.

교환이라는 관점에서 보면, 아질은 씨족사회가 국가사회로 바뀌던 시점에서 억압된 교환양식(유동성=평등성)이 회귀한 것이라고 말할 수 있습니다. 그런 의미에서 처음부터 윤리적인 의의를 가지고 있습니다. 단 프로이트가 말하는 것처럼 그것은 '억압된 것의 회귀'이기 때문에 강박적인 형태로 나타납니다. 즉 주술적인 힘으로서 말입니다.

예를 들어, 아질에 들어간 자에게는 아니마가 붙어있기 때문에, 누구도 손을 대지 않게 됩니다. 그 때문에 그것은 주술적이라고 이야기됩니다. 하지만 타자에게 아니마가 있다는 사고는 타인을 그저 수단으로서 다루어서는 안 된다는 사고와 연결됩니다. 칸트가 말하는 도덕법칙 ── "타인을 그저 수단으로만 다루지 말고, 동시에 목적으로 다루어야 한다" ── 은 여기에서 유래합니다.

이처럼 한번 억압된 유동성이 회귀해 오는 예는 그 외에도 있습니다. 그것은 재해가 발생할 때입니다. 내가 이것을 생각하게 된 것은 2010년 말에 레베카 솔닛[4]의 『재해유토피아』[5]를 읽었기 때문입니다. 동일본

4_ Rebecca Solnit: 1961- . 샌프란시스코 주립대학교에서 영문학을 공부한 뒤, 캘리포니아 대학교 저널리즘 대학원에서 석사학위를 받았다. 1980년 대부터 인권운동, 기후변화 문제, 아메리카 원주민의 토지권 반환운동,

대지진이 일어나기 3개월 전이었습니다(나는 2011년 1월에 긴키대학, 아사히컬처센터, 홋카이도대학 등의 강연에서 그것에 대해 이야기하고, 2월 <아사히신문> 서평란에 이 책에 대해 썼습니다).

이 책에는 대략 이런 것이 쓰여져 있습니다. 대재해가 일어나면, 질서의 부재에 의해 폭동, 약탈, 강간 등이 일어난다는 견해가 일반적인데, 솔닛은 그에 반대하며 실제로는 재해 이후 피해자와 구원자 사이에 곧바로 상호부조적인 공동체가 형성된다는 것입니다. 그녀는 그 예를 샌프란시스코대지진(1906)[6]을 시작으로 몇 가지 재해사례에서 발견합니다.

이것은 그녀의 주관적인 인상이 아니라 재해학자 찰스 프리츠가 입증한 것이고, 전문가 사이에서 인정받고 있는 것입니다. 그럼에도 불구하고 국가의 재해대책이나 미디어는 이것을 무시합니다. 각종 패닉영화는 지금도 재해가 두려워해야 할 무법상태를 낳는다는 통념을 반복, 강화하고 있습니다. 그런데 솔닛은 오히려 이와 같은 통념이야말로 재해에 의한 피해를 배가시킨다고 말하고 있는 것입니다.

샌프란시스코대지진에서도 사망자의 상당수는 폭동을 두려워한 군이나 경찰의 개입에 의한 화재나 단속 때문에 발생했습니다. 같은

‥‥ 반전운동, 반핵운동 등의 현안에 참여해왔다
5_ レベッカ・ソルニット, 『災害ユートピア』, 高月園子 譯, 亞紀書房, 2010(레베카 솔닛, 『이 폐허를 응시하라』, 정해영 옮김, 펜타그램, 2012).
6_ 1906년 4월 18일 샌프란시스코에서 일어난 매그니튜드 7.8의 대지진이다. 오전 5시 12분경 발생했으며 샌프란시스코와 캘리포니아 북쪽 해변이 주요 영향권이었다. 최소 3,000여 명이 희생되었으며 당시 주민의 2/3에 달하는 22만5천 명에서 30만 명에 이르는 사람들이 집을 잃었다. 당시 시장은 군 경찰에게 약탈자를 발견하면 그 자리에서 사살하라는 명령을 내렸고, 이로 인해 수백 명이 실제로 목숨을 잃었다.

일이 허리케인에 의한 뉴올리언스의 홍수에서도 일어났습니다. 약탈과 강간이 일어나고 있다는 소문이 확산되어 피해자인 흑인이 군, 경찰, 자경단에 의해 감금되고 대량으로 살해당했습니다. 또 그녀는 간토(關東)대지진에서 조선인의 대량학살[7]이 일어난 사례를 들고 있습니다. 이것도 소문에 근거한 것이었지만, 그 근저에는 조선인의 독립운동에 대한 국가 측의 공포가 있었습니다. 재해가 가져오는 패닉의 많은 부분은 국가에 의해 발생하는 것입니다.

다른 한편으로 샌프란시스코에서도 뉴올리언스에서도 피해자 사이에서 또는 바깥에서 구조를 위해 부랴부랴 달려갔던 사람들 사이에서 새로운 공동체가 곧바로 형성되었습니다. 일본의 예를 들자면, 한신(阪神)대지진에서는 간토대지진과 같은 일은 일어나지 않았습니다. 당시 국가의 대응이 너무 늦었다는 비난이 있었지만, 오히려 그 덕분에 피해자와 구원자 사이에 상호부조적인 공동체가 자연발생적으로 생겨났습니다. 또 『재해유토피아』에서 재해는 자연재해만이 아니라 전쟁이나 경제위기 등을 포함합니다. 어떤 경우든 재해는 새로운 사회나 삶의 방식을 개시(開示)하는 것입니다. 그녀는 니카라과나 멕시코에서는 그것이 사회혁명으로 이어졌다고 말합니다.

•••• 7_ 1923년 9월 1일 오전 11시 58분, 일본 간토지방에서 일어난 대지진과 함께 발생한 조선인 학살사건. 일본 기상청 자료에 의하면, 이 지진으로 인한 사망자는 무려 99,331명에 달했다(행방불명자는 43,476명)고 한다. 지진 발생 다음날 발족한 야마모토 곤노효에(山本權兵衛) 내각은 계엄령을 선포하기에 앞서 위기의식 조장을 위해 조선인들이 폭동을 일으킨다는 유언비어를 유포하는 한편, 마치 조선인이 방화·독물투입 등을 한 것처럼 꾸몄고, 이를 믿은 일본인은 전국적으로 3,689개의 자경단을 조직하여 대학살을 자행했다. 자료에 따라 차이가 있으나 이때 살해당한 조선인은 2,500-6,000여 명에 달한다고 한다.

자연상태에서는 서로를 적대한다는 홉스의 정치철학이 지금도 지배적입니다. 하지만 국가에 의한 질서가 존재하는 동안 타인을 두려워하며 지내던 사람들이 질서가 사라지자 곧바로 다른 자생적인 '질서'를 발견합니다. 즉 상호부조적인 공동체를 형성합니다. 솔닛은 그것을 타인과 연결되고 싶다, 타인을 도와주고 싶다는 충동이 에고이즘의 욕망보다 깊다는 사실을 보여주는 것이라고 말합니다. 이것은 크로포트킨[8]이라고 하는 러시아 아나키스트가 말한 생각에 근거하고 있습니다. 그는 상호부조를 단순한 이념이 아니라 오히려 생물적인 '본능'이라고 생각한 것입니다. 솔닛은 재해시의 현상은 그것을 뒷받침하는 것이라고 생각했습니다. 그리고 그것을 재해시의 짧은 동안만이 아니라 영속적인 것으로 삼기 위해서는 어떻게 하면 좋을지 물었습니다.

서평에는 쓰지 않았지만, 나는 이것을 생물학적 근거가 아니라 교환양식에서 설명할 수 있다고 생각합니다. 예를 들어, 재해시 사람들은 홈리스가 되어 피난소 등에서 함께 식사를 하게 됩니다. 즉 그때 그들은 수렵채집민과 같은 유동민을 닮게 됩니다. 유동민은 생산물을 저장하거나 사유하거나 하지 않습니다. 끊임없이 이동할 필요가 있기 때문입니다. 그러므로 손님이든 누구든 모두에게 무상으로 나누어주게

8_ Pyotr Alekseevich Kropotkin: 1842-1921. 러시아의 지리학자이자 무정부주의자. 귀족 출신으로 촉망받는 지리학자로 활동하다가 스위스 여행 중에 아나키즘 노동조합인 쥐라연합 사람들을 알게 되면서 아나키즘 사상에 깊은 영향을 받았고 러시아로 돌아와 혁명운동에 뛰어들었다. 1874년 체포, 수감되었으나 극적으로 탈출하여 러시아혁명(1917)이 일어날 때까지 프랑스, 영국, 스위스 등 유럽을 떠돌면서 아나키즘 문헌들을 집필하였다. 주요저서로 『상부상조론』(한국어본: 『만물은 서로 돕는다』, 김영범 옮김, 르네상스) 및 자서전 『한 혁명가의 회상』(김유곤 옮김, 우물이있는집) 등이 있다.

됩니다. 정주해서 단절된 채로 살아가던 사람들이 재해 때 돌연 유동민처럼 서로 먹을 것을 나누고 함께 먹게 됩니다. 이때 교환양식D가 출현합니다. 피해자나 구조자는 일종의 유동민입니다. 그러므로 주거가 정해지고 다양한 관계에 속하게 되면, 그와 같은 자유와 평등은 잃어버립니다. D는 사라지게 됩니다.

이와 같은 현상은 보편종교의 초기형태에서 엿보입니다. 예를 들어, 예수의 제자들은 예수에 이끌려 가족·공동체에서 이탈하여 이동했습니다. 그들은 함께 식사를 합니다. 「사도행전」의 신자들도 마찬가지입니다. 하지만 그들의 조직이 확대되고 정주를 하게 되자 그것이 사라지게 됩니다. 그것을 신앙상의 타락이다, 종교적 배반이라고 말해도 문제는 해결되지 않습니다. 그러므로 이것을 교환양식의 문제로서 다시 볼 필요가 있습니다.

그런데 처음에 말한 것처럼 이 책을 소개하는 서평을 쓰고 얼마 있지 않아 동일본대지진이 일어났습니다. 그런 의미에서 나는 예견적이었던 셈이지만, 실제로는 그리 간단하지 않았습니다. 지진과 쓰나미는 많은 사람들을 홈리스로 만들었습니다. 많은 사람들이 볼런티어로 구조하러 달려갔습니다. 여기까지는 한신대지진의 사례와 같습니다. 하지만 뭔가 결정적으로 다릅니다. 말할 것도 없이 이 차이는 후쿠시마 원전사고에 의해 초래된 것입니다. 원전재해는 사람들을 결합시키기보다는 분리시킵니다. 아무래도 '유토피아'가 될 수는 없을 것 같다고 생각했습니다. 하지만 그것은 꼭 방사성물질 탓은 아닙니다. 국가 탓입니다.

원래 원전을 추진한 것은 국가입니다. 게다가 국가는 원전이 초래한 재앙을 가능한 한 숨기면서 주민에게 진실을 알려주지 않았습니다. 패닉을 두려워해서가 아니라 그들이 규탄을 당하고 배상을 요구받는 것이 두려워서입니다. 즉 후쿠시마 제1원전사고는 근본적으로 국가가 개입함으로써 생겨나고 악화된 재해에 해당됩니다. 따라서 여기서는 '유토피아'가 출현할 수 없습니다.

하지만 동시에 나는 이렇게 생각했습니다. 이 원전재해는 아무리 대형이라고 해도 지진이나 쓰나미에 의한 재해가 가져올 수 없는 무언가를 가져온 것은 아닐까 하고 말입니다. 예를 들어, 탈원전에의 투쟁이 그러합니다. 탈원전으로의 투쟁은 원전을 만드는 자본=국가가 구축해온 체제를 탈구축하는 것입니다. 그런 의미에서 재해 그 자체가 '유토피아'를 가져오는 것은 아니지만, 자본=국가에 대한 대항운동의 방아쇠를 당길 수 있게 되었다고 생각합니다. 물론 이것도 솔닛의 『재해와 유토피아』에서 시사되고 있는 것입니다.

Ⅱ. 자연과 인간

1. 인간과 자연의 교환관계

『세계사의 구조』에서 나는 마르크스가 말하는 생산양식 대신에 교환양식이라는 관점에서 세계사를 보려고 했습니다. 그런데 그렇게 하면 인간과 인간 사이의 교환이 중심이 되고, 생산 즉 인간과 자연의 관계는 무시당하는 것은 아닌가 하는 비판이 있었을지 모르겠습니다. 물론 나는 인간과 자연의 관계가 근본적이라고 생각합니다. 단 인간과 인간의 관계를 생산보다는 교환이라는 관점에서 보아야 한다고 생각합니다. 즉 인간과 인간의 교환관계라는 차원의 근저에 인간과 자연의 교환관계가 있다고 생각하는 것입니다.

여기서 덧붙이자면, 마르크스가 생각하기에 인간도 자연의 일부이기 때문에 인간과 자연의 관계도 넓은 의미에서 '자연사'의 일환을 이루게 됩니다. 이처럼 역사를 '자연사'로서 보는 것은 중요합니다.

그렇지만 『세계사의 구조』에서는 인간과 자연의 관계에 대해 그다지 논하지 않았습니다. 하지만 책을 출판하기 전 잡지 『at』에 「『세계공화국으로』에 관한 노트」를 연재했는데, 거기에서는 인간과 자연의 교환관계에 대해 꽤 상세히 다루었습니다. 단 책으로 나올 때 생략되었습니다. 인간과 인간의 관계라는 차원에 집중했던 것입니다. 그런데에는 나름 이유가 있었지만, 3월 11일 지진이 일어나고 원전사고가 발각된 후, 나는 역시 인간과 자연의 관계라는 문제가 중요하다고 생각했습니다. 여기에서는 다시 그것을 되짚어보고 싶습니다.『세계사의 구조』에서 나는 아래와 같이 썼습니다.

① 국가, 네이션, 자본을 포괄적으로 다루기 위해서는 그것들을 넓은 의미의 교환, 즉 교통이라는 개념으로 돌아가 다시 생각할 필요가 있다. 그리고 생산 대신에 교환이라는 개념을 가지고 오는 것은 오늘날 특히 중요한 의미를 가진다. 앞서 서술한 것처럼 마르크스가 '생산'이라는 개념을 고집한 것은 젊은 시기부터 일관되게 인간을 근본적으로 자연과의 관계 안에서 바라보는 시점을 가지고 있었기 때문이다. 그는 그것을 헤스에게서 배우고 '물질대사'로서, 바꿔 말해 '교환'으로서 보았다. 왜 이것이 중요한가. 예를 들어, 무언가를 생산하는 것은 어떤 소재(material)를 변형하는 것이지만, 그것은 동시에 불필요한 폐기물과 폐열(廢熱)을 생산하는 것이기도 하다. 그런데 물질대사라는 관점에서 보면, 이와 같은 폐기물은 재처리되어야 한다. 예를 들어, 땅속의 미생물이 폐기물을 처리하여 재이용할 수 있게 하는 것이 자연계의 에코시스템이다.

② 좀 더 근본적으로 말하면, 지구환경은 대기순환과 물순환을 통해 궁극적으로 엔트로피를 폐열로 우주 바깥에 내버림으로써 순환적 시스템일 수 있다. 이 순환이 방해를 받으면, 폐기물이나 엔트로피가 축적되게 된다. 인간과 자연의 '물질대사'는 지구 전체 '물질대사'의 일환으로서 존재한다. 인간의 생활은 이와

같은 자연의 순환에서 자원을 얻고, 폐기물을 자연의 순환 속으로 되돌림으로써 유지가 가능하다. [*미주[1]: 지구를 열기관으로서 보는 관점은 엔트로피론을 개방정상계(開放定常系)에서 사고한 쓰치다 아쓰시(槌田敦)의 생각에 근거한다(『熱學外論熱學外論 —— 生命・環境を含む開放系の熱理論』, 朝倉書店, 1992)].

자본제공업생산이 시작될 때까지 인간에 의한 생산이 에코시스템을 결정적으로 파괴한 일은 없었다. 인간이 생산한 폐기물은 자연에 의해서 처리되었다. 이것이 인간과 자연의 물질적 교환(대사)이다.

③ 이런 '물질대사'의 의미가 널리 의식되기 시작한 것은 화석연료, 특히 석유를 사용하게 되면서부터이다. 그것에 의해 '물질대사'는 이제 농업이나 토지에 한정된 문제가 아니게 되었기 때문이다. 석유는 에너지원일 뿐만 아니라 세제, 비료, 그 외 화학제품의 원료로서도 사용된다. 따라서 그로부터 생기는 산업폐기물은 글로벌한(지구적) 환경문제를 가져왔다. 앞서 서술한 것처럼 지구환경은 일종의 열기관이다. 그것은 대기순환과 물순환을 통해 궁극적으로 엔트로피를 폐열로 우주 바깥에 내버림으로써 순환적 시스템일 수 있다. 이런 순환이 방해를 받으면, 기상변동이나 사막화, 그리고 그 밖의 환경위기는 불가피하다. 최종적으로 지구환경은 엔트로피가 누적되어 '열적 죽음[熱的死]'에 이른다.

④ 이와 같은 사태는 인간이 자연에 대해 수탈적이기 때문에 생긴다. 하지만 이것을 단순히 '인간과 자연'의 관계, 바꿔 말해

----

[1] 원래 미주에 있던 것을 저자가 본문에 삽입한 것이다.

테크놀로지나 문명의 문제로서 보는 것은 기만적이다. 그것은 인간과 자연의 교환관계 배후에 존재하는 인간과 인간의 교환관계를 은폐하기 때문이다. 실제 세계사에서 최초의 환경위기는 메소포타미아의 관개농업에서 생겨났고, 그것은 사막화로 귀결되었다. 같은 일이 인더스문명에서도, 황하문명에서도 생겼다. 이것은 인간을 수탈하는 조직(국가)이 동시에 자연(토양)을 수탈하는 조직이라는 것을 말해주는 최초의 예이다. 산업자본주의사회에서는 그것이 지구적 규모에서 실행되었다. 요컨대 인간과 인간의 교환관계, 그리고 그것이 초래하는 자본=네이션=국가라는 문제를 보지 않는 한, 환경문제에 본질적으로 대처하는 것은 불가능하다.[2]

여기서 위 부분과 관련하여 조금만 설명을 덧붙이고 싶습니다. 순서는 역이 되지만, 먼저 ④의 부분에 대해 이야기해 보겠습니다. 처음에 나는 이 책에서는 인간과 자연의 관계보다도 인간과 인간의 관계라는 차원을 중시했다고 했는데, 그 이유가 여기서 씌어 있습니다.

인간과 자연의 관계는 테크놀로지, 자원, 환경이라는 양태로 나타납니다. 하지만 '인간' 일반은 관념입니다. 예를 들어, 고대의 관개농업은 테크놀로지 상으로는 거대한 발전입니다만, 구체적으로 그것은 국가(왕권)가 다수의 농민으로 하여금 일을 하도록 만드는 형태로 이루어진 것입니다. 즉 인간과 자연의 관계는 어떤 인간과 인간의 관계를 통해서만 가능합니다. 예를 들어, 인간과 인간의 관계는 국가나 자본이

----

[2] 柄谷行人,『世界史の構造』, 岩波書店, 2010, 27-28頁, 31-32頁(가라타니 고진,『세계사의 구조』, 조영일 옮김, 도서출판 b, 2012, 52-53쪽, 55-56쪽). ①, ②, ……는 편의상 붙였다(저자).

라는 형태로 나타납니다.

　일반적으로 유통되는 견해는 인간과 인간의 관계를 제거하고 인간과 자연의 관계만을 보는 것입니다. 바꿔 말해, 테크놀로지, 자원, 환경이라는 문제를 국가나 자본과 무관한 것처럼 논하고, 최종적으로 인간의 욕망에 대한 비판, 근대문명비판으로 향합니다. 거기에는 하이데거적 존재론에서 불교 내지 노장(老莊)적 인식, 또는 일본적 자연관에 이르기까지 여러 가지가 있습니다. 이와 같은 문명비판은 매우 진지하고 근원적인 물음처럼 보이지만, 천박하고 값싸고 기만적입니다. 그것은 현대로 말하자면, 자본주의, 국가, 네이션이라는 '인간과 인간의 관계'에서 유래하는 것을 불문에 붙이기 때문입니다. 또는 그것들을 자명한 것으로 간주하기 때문입니다.

　다음으로 ①의 부분으로 이동합니다. 이것은 처음에 이야기한 것이지만, 다시 말하자면 '인간과 자연의 관계'를 '교환'이라는 관점에서 보는 것입니다. 표준적인 마르크스주의에서는 그것을 '생산'의 관점에서 봅니다. 그 경우 인간과 자연의 관계는 생산력, 인간과 인간의 관계는 생산관계라는 개념으로 불립니다. 생산관계는 생산력에 의해 규정된다. 생산력이 향상되면, 그때까지의 생산력에 대응한 생산관계와의 사이에서 모순이 발생하고, 계급투쟁을 통해 새로운 생산관계가 형성된다. 대충 이야기하면, 이것이 마르크스주의의 역사관입니다. 이 경우 국가, 네이션, 종교라는 것은 이데올로기적 상부구조로서 바깥에 놓이게 됩니다. 그리고 생산력의 발전, 즉 테크놀로지의 발전이 사회를 변화시켜가는 원동력으로 간주됩니다. 하지만 이와 같은 관점은 사실 마르크스주의가 아니어도 존재했으며, 특별히 마르크스적인 것이라고 말할 수도 없습니다.

　한편 마르크스는 『자본론』에서 자본주의경제 메커니즘의 총체를 명확히 하려고 했지만, 그때 그는 생산양식에서 시작하지 않았습니다. 상품교환의 형식에서 시작하고, 그로부터 상품과 화폐라는 관계의 형성을 보려고 했습니다. 그것은 자본제경제의 체계를 교환양식C에서 구축된 것으로서 파악하는 것이었습니다. 그런데 여기서 생산양식에서 시작하면 어떻게 될까요. 그것은 자본가와 임금노동자라는 생산관계에서 시작하는 것이 됩니다. 이 계급관계는 노예제나 농노제가 변형된 것으로 간주됩니다. 즉 자본주의경제에서 계급투쟁으로서의 역사가 최종국면에 직면했다는 것이 됩니다.

하지만 그것으로는 자본제경제의 고유한 성질을 충분히 이해할 수 없습니다. 자본가와 임금노동자는 계급관계입니다. 다만 그것은 노예제나 농노제와는 다릅니다. 이것들은 폭력적인 강제에 근거하고 있는 데에 반해, 자본가와 임금노동자의 관계는 노동력상품을 사는 자본가와 그것을 파는 노동자의 관계이고, 끝까지 추궁하자면 화폐와 상품의 관계입니다. 자본제경제에서 계급관계는 근본적으로 화폐와 상품의 비대칭적인 관계에서 유래하는 것입니다.

예를 들어, 화폐를 가지면 언제든지 상품을 살 '권리'를 얻지만, 역으로 상품은 그것이 팔릴지 어떨지 알 수 없습니다. 화폐를 가진 자는 상품을 가진 자보다 강합니다. 이로부터 물건에의 욕망보다도 물건을 항상 획득할 수 있는 '권리'를 소유하려는 욕망, 즉 화폐에의 욕망이 생겨납니다. 실은 여기에 일종의 도착이 존재합니다. 예를 들어, 보다 많은 화폐를 얻으려면, 어떻게 하면 좋을까요. 돈을 사용하지 않는 것, 즉 수전노가 되면 됩니다.

수전노에게는 물건을 사용하는 욕망을 단념하는 고통보다도 언제든지 물건을 얻을 수 있는 권리를 갖는 쾌락 쪽이 큽니다. 이것은 도착적입니다. 하지만 마르크스가 생각하기에 자본의 축적이라는 운동에는 그와 같은 도착성이 존재합니다. 그렇지만 보다 많은 화폐를 획득하는 것은 그것을 사용하지 않는 것만 아니라, 애써 그것을 사용하는 것에 의해서도 가능합니다. 예를 들어, 상품을 싸게 사서 비싸게 팔면 됩니다. M-C-M'. 이것은 '상인자본'에 의한 자본의 축적입니다. 하지만 마르크스는 "수전노는 미친 자본가이고, 자본가는 합리적 수전노다"라고 쓰고 있습니다. 이것이 의미하는 것은 자본축적에의 충동(drive)이 근본적으로 도착적이라는 것입니다.

현대문명에서는 인간들이 '물질욕망'에 지배당하고 있다고 자주 이야기됩니다. 물건이 흔한데, 왜 더 원하는 것일까 하고 말입니다. 하지만 자본주의경제에서 사람들을 몰아대는 것은 자본축적에의 충동입니다. 이것은 물질욕망이 아니라 '권리'에의 충동입니다. 우리는 그와 같은 자본축적의 운동 속에 말려들어 있는 것입니다. 자본은 이윤을 얻기 위해서 계속해서 신제품을 만들어내며 사람들의 욕망을 환기시킵니다. 그러므로 그것들을 갖고 싶다고 생각합니다. 하지만 실은 없어도 되는 것입니다. 한편 자본 쪽은 축적활동을 그만둘 수 없습니다. 그만두자마자 자본제기업은 도산하기 때문입니다. 이와 같은 자본의 충동은 상품교환이라는 교환양식(C)에서 형성된 것입니다. 그러므로 자본제경제를 이해하기 위해서는 교환양식이라는 관점에서 보는 것이 필요합니다. '생산양식'에서 시작해서는 이해가 불가능합니다.

더욱이 마르크스는 인간과 자연의 관계에 대해서도 생산이라는 관점에서만이 아니라 교환이라는 관점에서도 보고 있습니다. 구체적으로 그것은 자연과 인간의 관계를 Stoffwechsel(물질대사=물질교환)로 보는 것입니다. 『자본론』에서도 그는 그와 같은 것을 쓰고 있습니다. 예를 들어, 화학비료가 토양을 파괴하는 것에 주목하고 이렇게 서술합니다.

> 자본주의적 농업의 모든 진보는 노동자로부터 약탈하는 기술의 진보만이 아니라, 동시에 토지로부터 약탈하는 기술의 진보이기도 하고, 일정기간 토지의 풍요도를 높이는 모든 진보는 동시에 이 풍요도의 영속적 원천을 파괴하는 진보이다. 예를 들어, 북아메리카합중국처럼 한 나라가 그 발전의 배경으로 대공업에서 출발한다면, 그만큼 이 파괴과정도 급속히 이루어진다. 그러므로 자본주의적 생산은 동시에 모든 부의 원천인 토지와 노동자를 망침으로써만 사회적 생산과정의 기술과 결합을 발전시킨다.[3]

마르크스는 여기서 산업자본이 노동자를 착취할 뿐만 아니라, 말하자면 자연을 착취=개발(exploit)한다는 것, 그리고 그것에 의해 '토양과 인간'이라는 '부의 미래의 원천'을 파괴한다는 것을 비판합니다. 하지만 19세기 중반의 시점에서 방적업이나 화학비료라가 '물질대사'를 위협한다고 하더라도, 아직 맹아적인 것에 지나지 않았습니다. 마르크스가 그 이상으로 생각하지 않았던 것은 그 때문입니다.

그 결과 마르크스주의자는 이와 같은 고찰을 신경 쓰지 않고, 오로지 생산력의 관점에서 생각하게 된 것입니다. 이에 반해, 마르크스는 이렇게 서술하고 있습니다. "농업에 대한 다른 고찰을 통해서도 도달하겠지만, 요컨대 결론은 이런 것이다. 즉 자본주의체제는 합리적

---

[3] マルクス, 『資本論』第1卷 第4編 第13章 10節「大工業と農業」, 向坂逸郎 譯, 岩波文庫(2), 534頁[마르크스, 『자본론』 제1권, 김수행 옮김, 비봉출판사, 1993, 635-636쪽].

농업을 거스른다는 것, 또는 합리적 농업은 자본주의체제와 양립할 수 없어서(비록 후자가 전자의 기술적 발달을 촉진시키기는 하지만) 스스로 노동하는 소농민의 손이나 결합된 생산자에 의한 규제를 필요로 한다는 것[이다]."[4]

마르크스가 말하는 '합리적 농업'이란 생산력만이 아니라 물질대사, 즉 인간과 자연 사이의 교환을 고려한 것입니다. 그리고 그는 '합리적 농업'을 가능하게 한 것은 소생산자들의 어소시에이션이라고 말합니다. 이와 같이 이야기할 때, 그는 자본주의적 대농장만이 아니라, 이후 소련의 마르크스주의자가 시작한 국영집단농장도 거부하고 있다 하겠습니다.

---

[4] マルクス, 『資本論』第3卷 第1編 第6章, 岩波文庫(6), 187-188頁[마르크스, 『자본론』 제3권, 139쪽].

2. economy와 ecology[1]

마르크스주의자는 일반적으로 이러한 것에 개의치 않았습니다만, 그 가운데에서 이런 '물질대사'의 문제를 생각하며 생산과 폐기를 포함하는 광의의 경제학을 생각하려고 한 사람이 있었습니다. 『이코노미와 에콜로지』를 쓴 다마노이 요시로[2]입니다. 다마노이 요시로는 우노(宇野)학파의 한 사람이었지만, 1960년대에 우노 고조[3]가 미처 생

....
1_ 각각 경제와 생태학으로 번역되는 economy와 ecology는 희랍어 오이코스 (oikos: 집, 거주지)에서 유래한 eco를 공통어원으로 삼고 있다. 이를 번역 하지 않을 경우, 한국에서는 보통 이코노미, 에콜로지라고 쓰는데, 일본 의 경우는 이를 에코노미, 에코로지라고 부르고 쓰기 때문에 어원상의 공통점이 보다 명확하게 드러나는 측면이 있다.
2_ 玉野井芳郎: 1918-1985. 경제학자. 전공은 경제이론과·경제학사. 후기에는 에콜로지 및 반근대주의로 관심을 옮겼고, 칼 폴라니와 이반 일리치를 일본에 소개했다. 주요저서로 『리카도에서 마르크스로』(1954), 『이코노미와 에콜로지』(1978), 『생명계의 이코노미』(1982) 등이 있다.
3_ 宇野弘藏: 1897-1977. 일본을 대표하는 마르크스주의 경제학자. 그를 중심으로 우노학파가 형성되었으며, 이들의 논의는 신좌익이나 사회주의협회에 큰 영향을 끼쳤다. 주요저서로 『경제원론』(1950-1952), 『공황론』(1953), 『자본론의 경제학』(1969) 등이 있다. 가라타니 고진에 끼친 우노

각하지 못했던 영역으로 나아갔습니다.

  우노가 중시했던 것은 자본제경제가 노동력상품이라는 특이한 상품에 근거하고 있다는 사실이었습니다. 이 상품은 자본이 생산할 수 없는 '자연'입니다. 그것은 필요하다고 해서 급하게 늘릴 수 없고, 불필요하다고 해서 폐기할 수도 없습니다. 즉 산업자본주의에서 본래 상품화할 수 없는 것이 상품이 된 것입니다. 우노는 이것이 불황, 호황, 공황이라는 산업자본주의의 고유한 경기순환을 초래한다고 생각했습니다.

  노동력상품에 관해서는 다음을 부가해두고 싶습니다. 일반적으로 노동력상품이라고 하면, 노예와 혼동됩니다. 물론 양자는 다릅니다. 하지만 그 차이는 자유인가 아닌가에만 있는 것은 아닙니다. 노동력을 상품으로 파는 임금노동자는 노예나 농노와 다르게 자신들이 생산한 것을 사는 소비자입니다. 노예나 농노는 소비자가 아닙니다. 또 상인자본은 상품을 싼 곳에서 사서 비싼 곳에서 팝니다. 즉 매매를 중개하는 것에서 차액(잉여가치)을 얻습니다. 그런데 노동력상품에 기초하는 산업자본도 기본적으로 같습니다. 산업자본은 총체로서의 임금노동자가 자신들이 생산한 것을 다시 사는 것을 중개하여 그 차액에서 잉여가치를 얻는 종류의 상인자본입니다. 산업자본은 그와 같은 노동력상품을 가짐으로써 자기재생적인 시스템이 될 수 있었던 것입니다.

  우노 고조 외에도 자본주의시장경제가 상품화할 수 없는 것을 상품으로 삼음으로써 성립한다고 생각한 사람이 있습니다. 칼 폴라니입니다. 다만 그는 우노와 달리 본래 상품화할 수 없지만 픽션으로서 상품화되어 있는 것으로서 노동력 외에 자연(토지), 화폐 두 가지를 들었습

•••• 고조의 영향은 그 자체로 흥미로운 연구주제이다.

니다. 그것에 주목한 이가 다마노이 요시로입니다.

이 경우 우노파는 노동력의 상품화에 관해서만이 아니라 화폐의 상품화에 관해서도 잘 생각하고 있었습니다. 예를 들어, 화폐의 상품화 즉 금융에 의해 시장경제가 확대됨과 동시에 그 위기도 불가피한 것이 됩니다. 따라서 마르크스주의 경제학자가 이 문제와 씨름하는 것은 당연합니다. 하지만 그에 비해 자연(토지)의 상품화라는 문제, 혹은 그것이 가져오는 환경파괴의 문제는 중시되지 않았습니다. 우노도 예외가 아닙니다. 그 이유는 마르크스 자신이 그다지 중시하지 않았기 때문입니다. 다마노이는 그것에 대해 다음과 같이 서술하고 있습니다.

> 이처럼 마르크스는 '인간의 자기재생산'이 인간과 자연 사이의 물질대사 과정을 통해 비로소 확보된다는 점을 통찰하고 있었다. 하지만 그는 이 물질대사의 과정 그 자체를 자연・생태계의 기초 위에서 파악하는 연구를 그 이상 진행시키지 않았다. 그 이유로는 첫째로, 자본주의 하에서는 인간과 자연 간의 물질대사가 모두 상품형태를 통해, 말하자면 '우회로'에 의해 이루어지는데, 자본주의라는 경제체제의 '특수한 역사성'을 명확히 하는 접근법을 취하고 있었던 마르크스에게는 그러한 상품경제적 기구를 해명하는 것이 경제학의 주제로 여겨졌기 때문이다. 둘째로, 19세기 영국의 방적업이라는 공업화단계를 대상으로 삼은 마르크스에게는 물질의 연속적 재생산이 자연스럽게 가능하게 되는 생태계의 순환시스템이 암묵적으로 상정되어 있었다는 점이 이야기된다. 원료와 노동에너지를 투입하여 생산되는 산출물은, 일부는 개인적 소비에, 다른 일부는 생산수단의 보충에

할당되고 있고, 그 이외의 생산=소비 과정에서 생기는 배설물은 모두 어머니 같은 대지라는·자연의 손에 무사히 반환되는 것으로 간주되고 있었다. 20세기 말인 현대에서처럼 산출물의 일부에 물질순환의 궤도를 벗어나간 오염물질이나 처리 곤란한 노폐물이 출현하여 투입원천 그 자체를 교란시키기 시작한 이상(異常)한 상황은 당시로서는 예상도 할 수 없었던 것이다. 경제체제를 넘어서는 생산과 소비의 위기는 아직 발생하지 않았다. 다른 한편으로 중요한 자연·생태계의 생태학적 연구 그 자체가 아직 충분히 전개되고 있지 않았다는 점도 들 수 있을 것이다.[4]

이처럼 다마노이는 마르크스가 남겨놓은 작업을 하려고 했습니다. 구체적으로 이것은 우노파가 간과해온 것을 폴라니를 매개삼아 재고하는 것입니다. 이제까지의 경제학은 물질의 연속적인 재생산을 가져오는 생태계를 자명한 전제로 삼고 있었습니다. 예를 들어,『자본론』의 마르크스는 사용가치는 있지만 교환가치는 없는 것의 예로서 물과 공기를 들고 있습니다. 이것은 고전경제학의 인식과 같습니다. 하지만 이제 물도 공기도 거저가 아니라는 것은 자명합니다. 또 옛날은 강이나 바다에 물건을 버려도 상관없었지만, 이제는 그렇게 해서는 안 됩니다. 경제학은 폐기물 처리, 환경의 유지라는 코스트를 넣어서 생각해야 합니다. 더욱이 다마노이는 마르크스가 말하는 '물질대사'가 미생물을 포함한 에코시스템 안에서 이루어진다는 것을 고려했습니다. 이렇게 그는 '이코노미와 에콜로지'가 결부되는 '광의의 경제학'을 생각했던 것입니다. 이와 같은 연구를 하고 있는 중에 그가 우연히

••••
4_ 玉野井芳郎,『エコノミーとエコロジー』, みすず書房, 1978, 42-43頁.

만난 것이 쓰치다 아쓰시[5]의 엔트로피론입니다.

한편, 쓰치다는 물리학의 관점에서 폐기물이나 생태계의 문제를 생각하고 있었습니다. 그의 엔트로피론에 대해서 간단히 설명해보지요. 엔트로피는 1865년 루돌프 클라우지우스[6]가 제기한 열역학 제2법칙에 의한 개념입니다. 오늘날 엔트로피는 정보이론에서도 사용됩니다. 1970년대에 이 개념은 문화기호론에도 보급되었습니다. 예를 들어, 공동체는 점점 엔트로피가 쌓여서 정체되어 간다. 축제는 엔트로피를 버리고 공동체를 활성화하는 것이라는 견해가 유행했습니다. 하지만 이와 같은 엔트로피 개념의 활용은 지금 생각하면 유해했습니다. 그런 개념을 굳이 사용하지 않아도 말할 수 있는 것이었으며, 또 그것을 활용함으로써 본래의 엔트로피 문제를 소멸시켰기 때문입니다.

물리학에서 말하는 엔트로피는 열역학과 관계하는 것입니다. 예를 들어, 설탕과 소금을 섞으면, 정보론적으로는 난잡함이 증가합니다. 그래서 엔트로피가 증대된다고 이야기되지만, 물리학적으로 엔트로피는 증대되지 않습니다. 물리학에서 엔트로피는 물과 열의 확산 정도를 보여주는 지표이자 계산가능한 양입니다. 일반적인 말로 이야기하면, 그것은 오염의 양이라고 생각해도 좋습니다. 물질이 활동하면, 반드시 엔트로피가 발생합니다. 그리고 엔트로피는 불가역적으로 증

5_ 槌田敦: 1933- . 생리학자, 환경경제학자. 환경문제를 개방계열역학에 의해 분석하는 '쓰치다 엔트로피이론'으로 독자적인 입장에서 에너지문제나 폐기물, 리사이클 문제를 연구했다. 1970년대 초부터 반핵, 반원전을 주장했고 지구온난화설에 회의적인 입장을 취했다.

6_ Rudolf Julius Emanuel Clausius: 1822-1888. 독일의 이론물리학자. 열역학 제2법칙을 정식화하였으며, 기체운동론을 본격적인 이론으로 만들어냈다. 운동하는 대전체 사이에 작용하는 힘에 관하여 독자적인 이론을 전개하고, 열전도 연구, 전기분해의 문제에도 공헌하였다.

대된다는 것이 클라우지우스가 제기한 열역학 제2법칙입니다.

그런데 엔트로피 증대라는 문제에 관해 설명할 수 없는 것이 있습니다. 예를 들어, 광합성과 같은 생명활동의 결과로 엔트로피가 증대되는 것이 분명함에도 불구하고 그렇게 되지 않습니다. 어떻게 그런 증대를 면하는 것일까요. 에르빈 슈뢰딩거[7]는 태양광에는 네겐트로피(부(負)의 엔트로피)가 있다는 가설을 세웠습니다. 한편 쓰치다 아쓰시는 정상개방계에서 엔트로피는 열의 형태로 바깥에 내버려진다고 생각했습니다. 이런 사고는 원래 슈뢰딩거에 있었던 것인데, 네겐트로피라는 개념 쪽이 보급되었습니다.

엔트로피를 바깥에 버릴 경우, 물(物)이나 열(熱)에 부착되어 버려질 수밖에 없습니다. 그 경우 물(物)엔트로피는 눈에 띄지만, 열(熱)엔트로피는 눈에 띄지 않습니다. 예를 들어, 다마노이 요시로는 생태계 식물 연쇄의 근저에 미생물이 있다는 것, 그것이 폐기된 유기물을 무기물로 바꾸며, 그것에 의해 순환적인 에코시스템이 성립한다고 생각했습니다. 하지만 열역학적으로 보면, 미생물의 활동은 폐물을 폐열로 바꾸는 것입니다. 예를 들어, 볏짚을 쌓아서 부패시키면, 고열이 나옵니다. 최근 자주 이야기되는 바이오매스의 발전은 이와 같은 폐열을 사용하려는 것입니다. 쓰치다식으로 말하면, 그것은 '물(物)엔트로피를 열(熱)엔트로피로 변환시키는 생태계의 순환'입니다. 그리고 지구의 중력권 바깥으로 물(物)을 버릴 수 없기 때문에, 마지막으로 원적외선(遠赤外線)

---

[7] Erwin Schrödinger: 1887-1961. 오스트리아의 이론물리학자. 파동역학의 건설자로 불린다. L. V. 드브로이가 제출한 물질파(物質波)의 개념을 받아들여 미시세계에서는 고전역학이 파동역학으로 옮겨간다는 생각을 파동방정식에 집약하였다. 이는 하이젠베르크 등이 탐구하고 있던 행렬역학과는 전혀 다른 길을 걸어 양자역학에 도달한 것이었다. 이런 '원자이론의 새로운 형식의 발견'으로 1933년 노벨물리학상을 수상했다.

이라는 형태로 열엔트로피를 우주에 버리게 됩니다.

쓰치다 아쓰시가 생각하기에 지구는 정상(定常)개방계이고, 그것은 엔트로피를 열로 우주에 방출함으로써 정상성을 유지합니다. 좀 더 구체적으로 말해, 태양광에서 고온열을 받아들여 저온열을 우주에 방출하는 것입니다. 이런 대류(對流)로서 생기는 순환을 '대기순환'이라고 말할 수 있을 것입니다. 그리고 지구라는 시스템 하에서 서브시스템으로서 생명계(생태계)가 있습니다. 이것도 정상개방계로 열엔트로피를 대기에 방출함으로써 유지됩니다. 이것은 말하자면 '물순환'에 의해 성립합니다. 이어서 이런 시스템 하에 인간사회가 있습니다. 즉 지구대기, 생명계, 인간사회라는 세 가지 계층구조를 생각할 수 있습니다.

인간의 활동은 이와 같은 순환계에 영향을 미칩니다. 그리고 그러는 만큼 자연환경은 인간의 활동에 의해 형성되어온 측면이 있습니다. 따라서 인간의 활동이 그것을 파괴하기도 합니다. '사막화'와 같은 현상이 그 대표적인 예입니다. 산림벌채, 댐건설, 화학비료와 같은 것이 그것을 초래합니다. 하지만 여기서 주목해야 하는 것은 인간의 활동이 영향을 미치는 범위가 상당히 제한되어 있다는 점입니다. 인간의 활동은 그것에 앞서 자연사적 조건에 의해 규정되어 있었으며, 지금도 규정되어 있습니다. 일반적으로 로컬한 에코시스템에서는 인간의 활동이 미치는 영향이 큽니다. 하지만 대기순환과 같은 레벨이 되면, 적습니다. 나중에 말하겠지만, 이 구별은 중요합니다.

3. 마르크스와 클라우지우스

이상과 같이 서로 다른 전문적인 길을 걸어온 다마노이 요시로와 쓰치다 아쓰시가 조우, 1983년 그들이 중심이 되어 '일본엔트로피학회'를 결성했습니다. 그들의 만남은 우연이 아니었다고 생각합니다. 그들이 각각 의거하고 있었던 마르크스(1818-1883)와 클라우지우스(1822-1888)가 서로를 몰랐지만 동시대에 획기적인 작업을 발표했다는 사실을 보면 그러합니다. 나는 그것에 대해 고찰한 적이 있습니다.

카르노의 논문(「열의 동력에 관한 고찰」, 1824)은 그의 사후인 1840년에 비로소 주목을 받았다. 이후 열역학을 확립한 것은 클라우지우스이다. 그는 1850년 「열의 동력에 대하여」에서 '카르노의 정리'(얻을 수 있는 최대의 힘은 투입된 열과 온도차에 비례한다)가 바로 열역학의 제2법칙이라는 것을 보여주었다. 그 후 에너지변환의 불가역성을 나타내는 양이라는 사고를 도입하고, 1865년에는 그것을 물질의 상태변화에 적용하여 엔트로피라고 이름을 붙여 열역학의 제2법칙을 수량적으로 정식화했다.

즉 엔트로피라는 개념은 바로 1865년에 탄생한 것이다.
 그런데 마르크스가 『자본론』 제1권을 간행한 것은 1867년이다. 자연과학의 새로운 동향에 민감했던 마르크스나 엥겔스가 엔트로피 문제를 몰랐다고 하는 것은 이상하다. 나는 마르크스와 클라우지우스에 어떤 평행성이 있다는 것을 깨달았다. 평행하고 있는 것은 그들의 사고방식이 아니라 그들의 선행자에 대한 관계이다. 즉 클라우지우스가 카르노의 정리로부터 카르노 자신이 생각하지 않았던 엔트로피의 불가역적 증대라는 법칙을 이끌어낸 것처럼 마르크스는 그 선행자인 리카도에 대해 행했던 것이다(리카도의 주저 『경제학 및 과세의 권리』는 1817년에 출판되었다).
 예를 들어, 리카도는 자본가가 노동자를 고용하여 그들의 분업과 협업을 통해 부가가치를 낳은 경우, 그것을 자본가가 취하는 것이 당연하다고 생각했는데, 그는 자신도 모르게 '잉여가치'를 발견하고 있었다. 단 리카도의 노동가치설에서 잉여가치나 착취라는 관념을 이끌어낸 것은 마르크스가 아니라 리카도좌파 혹은 프루동이었다. 마르크스의 작업을 이 정도의 수준으로만 보는 것은 불모이다. 이에 반해 마르크스가 독자적으로 리카도의 원리에 숨어있는 인식을 끌어냈다고 말할 수 있는 것은 '이윤율의 경향적 저하'라는 사고이다. 그것은 산업자본이란 노동생산성을 높이면 높일수록 그만큼 불변자본분이 증대되고 이윤율이 저하될 수밖에 없다는 것이다.
 리카도는 (아담 스미스도 그러했지만) 자본주의경제는 자본축적과 더불어 이윤율이 저하되고 경제성장이 일어나지 않는 정상(定常)상태를 향해간다고 생각했다. 하지만 그들은 이것을 비관적으로 보지 않았다. 이윤율의 저하는 풍요로움의 지표라고 생각했기 때문이다. 하지만 마르크스는 거기서 자본주의경제의 종언의 불가피성을 보려고 했다. 자본은 자기증식하지 않으면, 즉 M-C-M'(M+⊿M)이 실현되지 않으면, 자본이 아니게 되기 때문이다. 실제 1870년 이후의 세계적 만성불황 가운데에서 그와 같은 인식은 실감나게 받아들여졌다. 그런 의미에서 카르노나 리카도의 낙천성은 증기기관이나 산업자본주의가 급격히 세계를 바꾸는 것을 그저 긍정적으로 볼 수 있었던 시대에서 오고 있다고 해도 좋다. 역으로 그것은 왜 19세기 말에 철학자들이 모두 열역학 제2법칙이 품은 문제를 비관적으로 생각하기 시작했는지를 보여준다.

그런데 마르크스는 자본주의가 '이윤율의 경향적 저하'에 의해 곧바로 사멸한다고 생각했던 것은 아니다. 그는 자본이 그런 경향성을 피하는 길을 보여주었다. 확실히 '이윤율의 경향적 저하'는 닫힌 일국만으로는 피할 수 없지만, 외국과의 교역을 통해 회피가능하다고 그는 말한다. 실제 1870년대 이후 일반적 이윤율의 저하=만성불황 하에서 자본과 국가는 '자본의 수출'을 시도했다. 즉 '글로벌리제이션'에서 활로를 발견하려고 했다. 이것이 '제국주의'라고 불리는 것이다. 그것은 1990년 이후에 국가와 자본이 '글로벌리제이션'을 통해 활로를 찾으려고 한 것과 같다. 후자는 '신자유주의'라고 불리고 있지만 말이다.

이처럼 자본의 자기증식은 경향적인 멸퇴(滅退)라는 숙명을 가지고 있지만, 말하자면 '외부'를 향함으로써 그런 경향을 피할 수 있다.[1]

마르크스와 클라우지우스가 보여준 것은 경제학과 물리학에서 그 때까지 시간적으로 가역적이라는 상정 하에서 생각되었던 상태변화의 과정을 각기 시간적으로 불가역적인 과정으로서, 즉 역사적인 것으로서 이해하는 시점입니다. 그들은 서로 만난 적은 없지만, 그들의 만남은 다마노이와 쓰치다의 만남에서 실현되었다고 해도 좋습니다.

그들이 결성한 '엔트로피학회'라는, 학회라기보다도 학제적이고 실천적인 운동체는 80년대에 상당한 영향력을 가졌습니다. 하지만 90년대에 들어서면, 급격히 쇠퇴한 인상이 듭니다. 그것은 정확히 반원전운동이 급격히 쇠퇴한 것과 나란히 합니다. 아마 그 원인은 같은 것이라고 생각합니다. 그것은 한마디로 이산화탄소에 의한 지구온난화라는 설이 대두되었기 때문입니다. 이 이론은 엔트로피로서 이야기된 문제를 사실상 매장시켜버렸습니다.

다마노이=쓰치다의 이론에 따르면, 환경의 악화는 물과 대기의 순환, 그리고 그것에 의한 열엔트로피의 방출을 막는 것에서 생깁니다. 그 결과 중 하나가 사막화입니다. 예를 들어, 쓰치다는 사막화에 대하여 논을 만들 것을 권하고 있습니다. 그가 생각하기에 비가 내리지 않기 때문에 사막이 되는 것이 아닙니다. 물이 없기 때문에 비가 오지 않는 것입니다. 논을 만들면, 그로부터 증발한 물이 비로 오게 됩니다. '물순환'이 시작됩니다. 물론 이와 같은 물순환은 로컬하지만, 그것으로 좋은 것입니다. 이와 같은 환경대책은 당연히 지역에 따라 다릅니다. 그것은 지역경제나 공동체와 분리할 수 없습니다.

이렇게 보면, 다마노이=쓰치다의 '경제학'은 지구 전체의 순환계

1_ 柄谷行人, 「『世界共和國へ』に關するノート(2)」, 『at』 6号, 太田出版, 2006年, 142-144頁.

를 생각한다면서 그것을 지역적이고 인간의 활동이 곧바로 영향을 미치는 범위에서 생각하고 있었다고 말할 수 있습니다. 따라서 1980년대까지의 에콜로지의 논의는 지역적인 물이나 대기의 순환계(에코시스템) 파괴를 비판하고, 그것을 개별적으로 재건하는 것이었습니다. 그것은 지구 전체를 생각하는 것이 아니었습니다. 왜냐하면, 그들은 인간의 활동이 미치는 영향의 범위가 제한되어 있다고 생각했기 때문입니다.

한편 이산화탄소에 의한 온난화설은 그와 달리 각국·각 지역의 질적인 차이와 관계가 없습니다. 엔트로피는 다양한 폐기물을 추상화한 양으로서 나타내는 것이지만, 언제든지 그것을 폐기물의 다양한 형태로 되돌려 볼 수가 있습니다. 그런데 지구온난화 및 그 원인을 이산화탄소로 보는 이론은 그와 같은 다양성을 무시합니다. 각지의 인간 활동은 이산화탄소 배출량으로 표시됩니다. 그것은 각국의 생활을 GDP와 인구만으로 비교하는 것과 같습니다.

이산화탄소는 엔트로피가 아니며, 유해하기는커녕 불가결한 것입니다. 단 이산화탄소 온난화설에 따르면, 증가한 이산화탄소가 적외선을 흡수하기 때문에 열엔트로피를 지구 바깥으로 내버릴 수 없게 됩니다. 그런 의미에서 순환계를 방해하는 폐기물이 됩니다. 하지만 이산화탄소를 온난화의 원인으로 삼음으로써 다양한 폐기물 문제가 경시되게 되었습니다. 그뿐만 아니라 핵폐기물을 초래하는 원자력발전이 이산화탄소 배출을 삭감하는 것으로서 장려되었습니다. 온난화설에 기초하는 환경론은 그때까지 지역적 에코시스템에 입각하는 환경론과는 다릅니다. 그것은 오히려 지금까지 지역에 근거한 환경운동을 파괴하고 맙니다.

지역적 순환계의 경우, 개별적인 대책이 필요한데, 이제 그런 고안들이 필요 없게 됩니다. 예를 들어 아프리카와 그 밖의 '사막화', 농지의 황폐가 진행되고 있는데, 물론 이것은 온난화에 의한 것이 아닙니다. 하지만 그것도 온난화 탓이라 하여 결국 사막화에 대한 대책, 농지의 회복을 하지 않게 됩니다. 예를 들어, 이산화탄소 배출량이 많은 석유 대신에 에탄올 원료의 생산을 권장함으로써 농업이나 산림 환경을 점점 파괴합니다.

그런데 지구온난화설은 매우 의심스럽습니다. 1980년대의 시점에서는 한랭화설이 우세였습니다. 그것이 왜 갑자기 온난화로 기울었을까요. 기상학자를 별도로 하면, 지질학자, 지구전자기학자, 천문학자는 반드시 그것에 동의하는 것은 아닙니다. 오히려 지구는 한랭화되기 시작했다고 생각하는 사람들이 많습니다. 더욱이 이산화탄소의 증가가 온난화의 원인이라는 설도 의심스럽습니다. 오히려 그 역으로 온난화의 결과로서 이산화탄소가 증가했다고 생각할 수 있습니다.

하지만 더욱 의심스러운 것은 인간의 활동이 지구의 기온을 대폭 상승시킬 정도로 영향력을 갖는다는 견해입니다. 역사적으로 지구대기의 온도변화는 주로 태양 활동의 변화에 의한 것입니다. 이산화탄소에 관해 이야기하자면, 지구는 그 양적 변화에 대응하여 일정한 환경을 유지하는 피드백 장치를 가지고 있습니다. 예를 들어, 대기가 온난화하면, 바닷물 증발이 증가하고, 그것에 의해 비의 양이 증가하여 이산화탄소를 녹여서 제거합니다. 또 증가한 구름에 의해 태양광으로부터의 열을 막습니다. 이와 같은 시스템을 초월하여 온난화가 발생한다고 한다면, 그것은 인간의 활동 탓이 아니라 태양의 활동 등 자연현상이 원인이라고 보아야 합니다.

온난화의 원인이 오로지 인간의 활동에 있다는 것은 일견 겸허한 태도처럼 보이지만, 역으로 인간의 능력을 과대시하는 오만한 태도입니다. 인간은 각 지역의 환경을 파괴할 능력이 있고, 그것을 멈추고 회복시킬 능력도 있습니다. 하지만 지구전체의 환경을 바꿀 정도의 힘은 없습니다. 있다고 한다면, 원자력뿐입니다. 원자폭탄이든 원자로 사고든 그것에 의해 바로 지구를 인간이 머물 수 없는 환경으로 바꿀 수 있기 때문입니다. 하지만 그런 것을 능력이라고 부를 수는 없습니다. 세계사에서 위기적 상황을 가져온 것은 온난화가 아니라 항상 자연원인에 의한 한랭화였습니다. 앞으로도 그럴 위험이 있습니다. 한랭화에 대비하기 위해서는 농업을 중시하는 지구적 경제와 환경을 확보해야 하는데, 온난화설과 더불어 그런 시도가 사라져버렸습니다.

4. 글로벌리제이션과 환경이론

 이 같은 이유로 이산화탄소에 의한 온난화설은 좀 더 논의가 되어야 했음에도 불구하고, 당연하다는 듯이 승인되었을 뿐만 아니라 현실적으로 세계정치·경제를 움직이게 되었습니다. 그렇다면 왜 1980년대에 이산화탄소온난화설이 급격히 지배적이 되었을까요. 또 왜 다마노이나 쓰치다가 제창한 광의의 경제학, 또는 순환적인(재생가능한) 경제학이라는 사고가 갑자기 쇠진해 갔던 것일까요. 이것들은 자연과학의 레벨을 보는 것만으로는 이해할 수 없는 사항입니다.
 일본에서 환경문제가 등장한 것은 1960년대에 고도성장을 이루고, 그 공업화의 폐해를 다양한 형태로 체험하게 되면서부터입니다. 미나마타병(水俣病)[1]이나 욧카이치(四日市)[2]의 콤비나트에 의한 공해, 광화학

---

[1] 수은중독으로 인해 발생하는 다양한 신경학적 증상과 징후를 특징으로 하는 증후군. 1956년 일본의 구마모토(熊本)현 미나마타(水俣)시에서 메틸수은이 포함된 조개 및 어류를 먹은 주민들에게서 집단적으로 발생하여 사회적 문제가 되었다. 문제가 되었던 메틸수은은 인근의 화학 공장에서 바다에 방류한 것으로 밝혀졌고, 2001년까지 공식적으로 2,265명의 환자가 확인되었다. 1965년에는 니가타(新潟)현에서도 대규모 수은중독

스모크, 유해폐기물 등의 '공해'문제가 표면화되었습니다. 다른 한편으로 60년대에 신좌익운동이 폭발적으로 확대되었습니다. 그것들은 근대비판적이며 생산력주의적인 마르크스주의를 부정하고, 초기마르크스나 초기사회주의의 가능성을 재평가하는 것이었습니다. 다마노이가 말하는 '이코노미economy=에콜로지ecology' 혹은 지산지소(地産地消)[3]적인 경제권 구상도 그중 하나입니다.

다만 이와 같은 근대비판이 생겨난 것은 선진자본주의국가(제1세계)뿐입니다. 그와 같은 근대비판을 가능하게 한 것은 그것이 비판하는 고도로 발전한 공업이고 복지국가입니다. 사회주의권(제2세계)이나 제3세계에서는 사정이 다릅니다. 그런데 이후 선진자본주의국가에 커다란 변화가 생기기 시작했습니다. 그 원인은 1970년대 초 세계자본주의가 심각한 불황에 빠졌다는 데에 있습니다. 그것은 바로 '일반이윤율의 저하'에 의한 것입니다. 이것은 사실 현재까지도 해소되고 있지 않을 정도로 심각한 것입니다.

이 불황은 그때까지 '제1세계'에 번영과 안정을 가져온 조건이 사라지게 되었다는 것을 뜻합니다. 그때까지 선진자본주의국가는 사회주의권에의 대항도 있었지만, 국가에 의한 경제개입, 즉 공공투자나 복지정책에 의해 일자리(job)를 늘리고 소비를 늘림으로써 경제적 성장을 이루어왔습니다. 하지만 임금이 상승하고 소비도 포화상태가 되었습니다. 그러므로 '일반적 이윤율의 저하'가 일어났습니다. 이것

•••• 이 확인되었다.
2_ 일본 혼슈(本州) 미에현(三重縣)에 있는 도시.
3_ '지역생산지역소비'의 약자. '지산지소'라는 말은 농림수산성 생활개선과(당시)가 1981년부터 4년 계획으로 실시한 '지역내식생활향상대책사업'에서 나왔다.

은 일국 내 또는 '제1세계'의 내부에 있다면, 불가피한 것입니다. 하지만 마르크스가 말한 것처럼 '외부'가 있으면, 그것을 모면할 수가 있습니다.

1980년대부터 선진자본주의국가에서는 '외부'로의 탈출이 적극적으로 시도되기 시작했습니다. 그것은 당시 레이건주의 혹은 대처주의라고 불렸지만, 한마디로 말해 '신자유주의'입니다. 신자유주의는 자유주의와는 다르게 오히려 제국주의와 닮아있습니다. 즉 1880년대에 제국주의가 그러했던 것처럼, 자본은 활로를 '자본의 수출'에서 찾았습니다. '자본의 수출'은 예를 들어 자기 나라의 노동자를 해고하고, 좀 더 임금이 싼 다른 나라로 공장을 이전시키는 것입니다. 이것은 복지국가와 같은 상태를 파괴합니다. 제국주의=신자유주의는 국민국가에 의한 다양한 규제로부터 자본을 해방시키는 것입니다.

하지만 일본은 1970년대의 위기를 상대적으로 모면했다고 생각합니다. 더욱이 80년대에는 버블호황기가 있었고 대중소비사회가 전면화 되었습니다. 일본만이 만사가 잘 되어가고 있다는 인상이 있었습니다. 다마노이=쓰치다의 에코노미=에콜로지론이 받아들여졌던 것도 그런 가운데에서였습니다. 하지만 90년대에 들어서면서 버블이 터지고 불황에 빠졌습니다. 그와 더불어 탈자본주의적인 지향은 사라지게 되었습니다. 또 자본주의의 글로벌리제이션이나 신자유주의에 대한 저항세력이 무력화되어 갔습니다. 역으로 국제분쟁, 해외로의 진출에 의해 불황에서 벗어나려는 경향이 우위에 서게 되었습니다.

1990년대에는 소련 붕괴와 더불어 '제2세계'가 붕괴되었을 뿐만 아니라 '제3세계'도 붕괴되었습니다. 자본이 후진국세계에 투하된 결과, 그때까지 절반은 자급자족적인 경제 하에 있던 중국이나 인도가 세계자본주의의 시장 안으로 들어가 급속한 발전을 이루었습니다.

이들 나라에서는 그때까지 전통적으로 유지되어온 에코시스템이 파괴되었지만, 그것을 문제로 삼고 있을 여유가 없는 채로 현재에 이르렀습니다.

그렇다면 환경문제는 어떻게 되었을까요. 지구온난화라는 사고가 급격히 정설이 된 것은 이 시기입니다. 앞서 말한 것처럼 이산화탄소 배출량으로 생각을 하는 환경론은 각국, 각 지역의 다양한 조건이나 상태를 무시하는 신자유주의와 똑같은 성격을 가지고 있습니다. 신자유주의는 농산물의 자유화 등에 의해 농업을 베이스로 한 각지의 에코시스템을 파괴하는 것이자 그에 근거한 환경운동을 파괴하는 것입니다. 한편 온난화는 지구 규모의 현상이자 지역환경을 넘어선 것입니다. 이렇게 해서 이산화탄소온난화설에서 말하자면 환경론의 글로벌리제이션이 일어났다고 말할 수 있습니다. 이것은 자본주의의 글로벌리제이션에 대응하는 것입니다.

통상 자본=국가는 설령 확실한 증거가 있어도 환경론자가 말하는 것을 쉽게 받아들이지 않지만, 이산화탄소온난화에 관해서는 확실한 근거가 없음에도 순순히 받아들였습니다. 그리고 배출량규제와 배출량거래를 개시하기에 이르렀습니다. 왜일까요. 그들은 이산화탄소온난화설이 잘못되었다는 것을 알게 되더라도 개의치 않기 때문입니다. 그들은 아마 이산화탄소의 규제가 온난화를 저지하는 데에 도움이 된다고 믿고 있지 않을 것입니다. 애당초 그들은 온난화라는 사실조차 믿지 않을 것입니다. 자본에게는 온난화의 원인이든 아니든 이산화탄소의 배출규제가 필요합니다. 왜냐하면, 그 근저에 화석원료가 유한할 뿐만 아니라 그것을 독점적으로 소유할 수 없는 상태가 존재하기 때문입니다.

이산화탄소배출량의 거래란 화석원료의 사용을 공동으로 글로벌하게 관리하는 것입니다. 자본=국가는 석유나 천연가스의 '소유권'을 가질 수 없지만, 그 사용권을 이산화탄소배출권이라는 형태로 국제적으로 관리할 수 있습니다. 예를 들어, 화석연료를 그다지 필요로 하지 않는 국가에도 '사용권'이 부여됩니다. 그들은 그것을 화석연료를 필요로 하는 나라에 파는 것이 가능합니다. 전 세계를 이와 같은 '시장'에 넣음으로써 선진국의 자본=국가는 화석연료의 사용을 공동으로 관리할 수 있게 되는 것입니다. 이것은 온난화를 막는다는 대의명분을 가지고 이루어지지만, 온난화가 사실이 아니라고 해도 특별히 상관은 없습니다. 따라서 자본=국가의 찬동을 얻었던 것입니다.

이런 생각은 동시에 원자력이용을 촉진하는 것입니다. 실제 이산화탄소배출삭감이라는 명목으로 원전건설이 세계적으로 추진되었습니다. 앞서 말한 것처럼 엔트로피라는 관점에서 보면, 이것은 최악의 폐기물입니다. 아니 그것은 폐기가 불가능한 것입니다. 하지만 일본에서는 1980년대에 반원전운동이 고조되었음에도 글로벌리제이션과 '온난화'론 하에서 시들해졌습니다. 그것은 자본=국가에 대한 대항운동의 총제적인 패배의 결과입니다.

글로벌리제이션에 의해 환경운동이 사라진 것은 아닙니다. 그것은 변질되었던 것입니다. 온난화설 이후 환경론자는 이산화탄소 배출삭감을 인류공통의 과제라고 생각하게 되었습니다. 그 때문에 아메리카의 환경활동가 중에는 원전을 긍정하는 사람이 적지 않습니다. 이산화탄소를 삭감하는 것이 지상의 과제라고 생각하기 때문입니다. 이와 같은 타입의 환경론자는 자연환경의 문제를 그저 인간과 자연의 관계로만 보고 있지 그것이 인간과 인간의 관계, 즉 자본=국가에 의해 근본적으로 규정되는 것이라는 점을 보지 않습니다. 그러므로 이런 종류의 환경의식은 자본이나 국가에게 아무런 위험도 되지 않습니다.

오히려 장려해야 하는 것입니다.

자연자원이나 환경이 유한하다고 항상 경고합니다. 그 끝이 경제성장의 끝인 것처럼 말입니다. 하지만 산업자본주의는 그와 같은 자연만이 아니라 특이한 '자연'에 근거하고 있습니다. 그것은 앞서 말한 것처럼 '노동력상품'입니다. 산업자본주의는 노동력상품에 근거하고 있기 때문에 그 한계를 가지고 있습니다.

산업자본주의의 존속을 위해서는 다음의 두 가지 조건이 필요합니다. 첫째는 끊임없는 기술혁신입니다. 왜냐하면, 산업자본의 상대적 잉여가치는 노동생산성의 향상을 통해 얻어지기 때문입니다. 둘째는 끊임없이 값싼 노동자=새로운 소비자의 참여가 필요합니다. 그것은 자급자족적인 주변부, 농촌부에서 제공됩니다. 이것은 말하자면 절대적 잉여가치입니다. 이상 두 가지 요소는 자본의 끊임없는 축적에 불가결합니다. 그것들이 사라지면 어떻게 될까요. 그 첫 등장이 1870년대 유럽에서 생겨난 심각한 불황입니다. 이후 자본은 선진자본주의권의 '외부'로 향했습니다. 그것이 제국주의이고, 제국주의전쟁이 그 결과로서 일어났습니다.

앞서 서술한 것처럼 1970년대 이후의 세계자본주의에서도 같은 일이 일어났습니다. 그것은 글로벌리제이션에 의해 위기를 넘어서려고 했습니다. 자본의 축적은 중국이나 인도처럼 방대한 농민층이 있는 사회를 자본주의시장경제 안에 집어넣음으로써, 바꿔 말해 그때까지 자급자족적이고 임금노동도 소비도 하지 않았던 사람들을 시장에 참여시킴으로써 가능했습니다. 하지만 이것은 오래 지속되지 않습니다. 왜냐하면, 중국이나 인도에도 급속한 경제성장과 더불어 임금의 인상, 소비의 포화가 머지않아 생기기 때문입니다. 일본과 마찬가지로 저출산화(小子化), 고령화라는 현상이 생길 것입니다. 중국에서는 이미 그것이 시작되고 있습니다.

세계인구의 다수를 점하는 중국이나 인도가 경제성장을 달성한 시점에서는 더 이상 자본에 있어 '외부'는 존재하지 않습니다. 자본의 축적(경제성장)이 불가능한 이상, 자본주의는 끝나지 않을 수 없습니다. 그것은 자원이나 환경의 한계와는 별개의 문제입니다. 산업자본의 축적은 자신이 생산한 것을 다시 사는 프롤레타리아(노동자=소비자)에 의거합니다. 바꿔 말해, 산업자본주의는 노동력상품이라는 '자연'에 의거합니다. 따라서 이런 의미에서 자본주의경제에 한계를 부여하는 것은 '자연'이라고 말할 수 있습니다.

아담 스미스는 자본주의경제는 이윤율의 저하와 함께 머지않아 끝나고 정상(定常)상태로 안정될 것이라고 생각했습니다. 하지만 그는 그것을 비관적으로 생각한 것이 아니라 역으로 바람직하다고 생각했습니다. 경제성장이 끝날 때 인간의 생활이 풍요롭게 된다고 생각했기 때문입니다. 이것은 이후 자본주의경제의 종언을 생각할 때 참조가 될 것입니다.

자본주의의 종언에서는 이제까지의 신용이 붕괴되기 때문에 커다란 패닉이나 혼란이 생길 것입니다. 하지만 그것은 일시적인 것입니다. 예를 들어, 자본주의에서 생산은 자본-임금노동이라는 관계 하에서 이루어집니다. 하지만 이와 같은 형태를 취하지 않아도 생산은 가능합니다. 예를 들어, 협동조합에서는 노동자 자신이 경영자입니다. 그곳에는 '노동력상품'이 존재하지 않습니다. 그러므로 자본주의경제가 끝나도 시장경제가 끝나는 것은 아닙니다. 생활수준, 기술수준이 저하되는 것은 아닙니다. 또 경쟁이 없어지는 것도 아닙니다. 이윤이나 권력을 둘러싼 공허한 경쟁이 사라질 뿐입니다.

하지만 자본주의의 종언은 자본에게 있어 힘겨운 것입니다. 그러므로 자본주의가 자동적으로 끝나는 일은 없습니다. 자본도 국가도 그것을 존속시키려고 필사적으로 몸부림칠 것이 분명하기 때문입니다. 그러므로 그것에 대항하는 운동이 필요합니다. 우리가 저항하지 않으면, 앞으로 어떤 형태로든 '제국주의전쟁'이 일어날 것입니다. 우리는 이와 같은 상황에 있습니다.

III. 제국주의와 신자유주의

1. 제국

 앞서 나는 오늘날의 신자유주의는 자유주의의 신판이 아니라 제국주의의 신판이라고 서술했습니다. 그것에 대해 조금 설명해 보겠습니다. 레닌 이후 마르크스주의자는 제국주의를 경제적 기초를 통해 설명해왔습니다. 간단히 말해, 영국의 자유주의경제는 면제품 등 경공업에 근거하고 있었지만, 19세기 후반에 이르면, 중공업으로의 이행이 생겨났다. 중공업에는 거대한 자금이 필요하기 때문에 '금융자본'에 의한 기업합동이나 독점이 생겼다. 또 자본이 국내에서 과잉이었기 때문에 '자본의 수출'이 일어나게 되었다는 것입니다.
 하지만 이와 같은 견해로는 제국주의단계에서 독일이나 아메리카가 그때까지 압도적이었던 영국경제를 어떻게 능가하게 되었는지를 설명할 수 없습니다. 자유주의도 그렇지만, 특히 제국주의에 관해서는 자본만이 아니라 국가를 주체로서 볼 필요가 있습니다. 이 점과 관련하여 나는 자유주의나 제국주의라는 단계를 헤게모니국가라는 관점에서 본 월러스틴의 견해를 따릅니다.
 월러스틴에 의하면, '자유주의적' 단계란 경제적·정치적 헤게모

	1750-1810	1810-1870
세계자본주의	중상주의	자유주의
헤게모니국가		영국
경제정책	제국주의적	자유주의적
자본	상인자본	산업자본
세계상품	섬유산업	경공업
국가	절대주의왕권	국민국가

표. 세계자본주의의 제 단계

니국가가 존재하는 상태입니다. 근대에 헤게모니국가는 세 나라밖에 없었습니다. 먼저 네덜란드, 다음은 영국, 그리고 아메리카입니다. '제국주의적' 단계란 헤게모니국가가 몰락하고 아직 다음 헤게모니국가가 존재하지 않는 단계입니다. 예를 들어, 네덜란드가 몰락한 후, 국가 간에 싸움이 있었습니다. 이 시기는 '중상주의'라고 불립니다. 그 가운데에서 영국이 헤게모니국가가 되고 자유주의적 단계에 들어갑니다. 다음으로 영국이 몰락하고 독일, 아메리카, 프랑스, 러시아, 그리고 일본 등이 싸우기 시작한 시기는 '제국주의'라고 불립니다. 그리고 아메리카의 헤게모니가 상실된 20세기 말은 '신자유주의'라고 불립니다. 하지만 헤게모니국가가 있는가 없는가 하는 관점에서 보면, 중상주의, 제국주의, 신자유주의는 서로 닮았습니다(표 참조).

따라서 '신자유주의' 단계는 '자유주의'의 신판으로서가 아니라 '제국주의'의 신판으로 보아야 합니다. 실제 현재 세계 각지에서 '제국'이 형성되고 있습니다. 그것은 지난날의 제국주의처럼 침략적으로 영토를 확장하는 것은 아니며 제국이라고 칭하지도 않습니다. 하지만 '제

1870-1930	1930-1990	1990-
제국주의	후기자본주의	신자유주의
	미국	
제국주의적	자유주의적	제국주의적
금융자본	국가독점자본	다국적자본
중공업	내구소비재	정보
제국주의	복지국가	지역주의

국'이라고 해도 좋다고 생각합니다. 사실 그것은 구세계제국의 판도 — 그것이 분절되어 다수의 네이션=스테이트(국민국가)가 형성되었습니다 — 에 근거하고 있습니다. 다수의 국민국가는 그때까지의 역사적 경위를 넘어서 합의하에 결속하기에 이른 것입니다. 그 기반은 구세계제국에 존재했던 종교적·문화적 동일성에 있습니다.

그 도화선이 된 것이 유럽공동체입니다. 유럽공동체의 이론가는 이것을 근대적 국민국가를 넘어서는 것이라고 말하고 있지만, 원래 이것은 아메리카나 일본의 경제에 대항하기 위해 형성된 것입니다. 그것은 세계자본주의에서의 헤게모니 문제입니다. 따라서 그것에 대응하여 다른 지역에서도 '제국'이 형성되거나 구상되게 되었습니다. 중국, 인도, 러시아 그리고 이슬람권도 그러합니다. 따라서 현재는 헤게모니국가로서 아메리카가 쇠퇴함과 동시에 다수의 '제국'이 싸우는 상태가 시작되었다는 의미에서 제국주의적인 것입니다.

신자유주의와 제국주의는 이데올로기에서도 매우 닮아있습니다. 제국주의시대에는 사회적 다위니즘(생존경제, 적자생존)이 지배적인 이데올로기였습니다. 신자유주의에서는 이긴 쪽과 진 쪽, 자기책임이라는 유행어가 보여주는 것처럼 일종의 사회적 다위니즘이 지배적이 됩니다. 또 '금융자본'의 지배라는 점도 닮아있습니다. 신자유주의에서는 1929년 공황 이후 그에 대한 반성에서 설정되었던 '금융자본'에 대한 규제들이 연이어 폐기되었습니다. 그 때문에 금융자본의 투기적 폭주가 시작되었습니다. 그것이 리먼쇼크와 같은 위기로 귀결되었습니다만, 그 전까지는 제조업(산업자본) 등보다 금융공학을 구사하여 거대한 이익을 얻는 쪽이 '이긴 쪽'으로 간주되었습니다. 더욱이 '자본의 수출'이라는 점에서도 신자유주의는 제국주의와 닮았습니다. 선진 자본주의국가는 해외로 생산을 옮겼습니다. 그 결과 자국의 노동자는 실업자가 되고 또 사회복지는 삭감되었습니다. 대체로 그때까지 존재했던 복지국가의 형태가 부정되었습니다.

한나 아렌트는 제국주의에서 부르주아가 정치적으로 해방되었다, 혹은 처음 국가권력을 잡았다고 서술하고 있습니다(『전체주의의 기원』). 그때까지 자본은 국민국가에 의한 다양한 제약 하에 있었는데, 제국주의에서 국민국가의 멍에로부터 해방되었다는 것입니다. 예를 들어, 19세기 후반의 영국은 '자본주의적'이었지만, 이 시기는 노동운동도 융성했고 복지정책도 충실했습니다. 하지만 1880년에 들어 불황에 빠진 자본은 해외시장으로 향했습니다. 즉 '자본의 수출'을 개시하고 자국의 노동자를 내버리게 되었습니다. 그런데 노동자계급은 그에 대항할 힘이 없었으며 오히려 자본=국가에 동조하고 그런 해외침략을 환영하게 되었습니다.

아렌트는 영국을 모델로 생각했기 때문에, 다른 나라 특히 일본의 제국주의에 대해서는 잘 들어맞지 않습니다. 그 점에 대해서는 나중에 서술하겠습니다만, 이상과 같은 점은 오히려 오늘날 일본의 신자유주의를 살펴볼 경우에 참조가 됩니다. 신자유주의 단계에서 자본은 그야말로 국민국가의 멍에에서 해방되었기 때문입니다. 즉 그때까지 있었던 의료정책, 종신고용제, 연금제 등에 의한 복지국가의 속박을 신경 쓸 필요가 없게 되었습니다. 물론 그것이 곧바로 가능했던 것은 아닙니다. 앞서 서술한 것처럼 그것은 1980년대에서 1990년대에 걸쳐 노동조합을 시작으로 자본에 대항하는 다양한 중간세력을 정리했기 때문에 비로소 가능했던 것입니다.

2. 네이션

　제국주의에서 자본이 국민국가(네이션=스테이트)의 멍에로부터 해방되었다는 아렌트의 견해에 대해 말하기 전에, 네이션이 무엇인지 분명히 해둘 필요가 있습니다. 네이션은 옛날에는 민족이라고 번역되고, 최근에는 국민이라고 번역되고 있습니다만, 어떻게 번역해도 정확하지 않습니다. 한 단어만을 골라서 정의해도 알 수가 없습니다. 영어에서도 네이션은 민족, 국민, 그리고 국가를 의미하는 경우도 있습니다. 네이션과 국가가 특별히 구별되지 않습니다. 그러므로 국가주의도 민족주의도 영어로는 내셔널리즘이라고 번역됩니다. 그럼에도 불구하고 한편으로 네이션=스테이트라고 말하는 이상, 그것들을 다른 것으로 생각하고 있는 것도 분명합니다. 요컨대 네이션=스테이트는 각기 다른 것의 결합이고, 또 결합하는 것에 따라 새로운 의미를 갖는 것입니다.
　네이션=스테이트를 이해하기 위해서는 그것을 교환양식에서 볼 필요가 있습니다. 옛날부터 하나의 사회구성체는 서로 다른 교환양식의 결합으로 이루어졌습니다. 다만 어떤 교환양식이 주요한가에 따라 다릅니다. 씨족사회에서는 호수적 교환이 주요합니다. 하지만 동시에 다른 교환양식도 있었습니다. 다른 씨족과 교역을 하고 전쟁을 하기 때문입니다. 이어서 아시아적 국가 또는 봉건적 국가에서는 교환양식 B가 지배적이 됩니다. 교환양식C, 즉 도시도 크게 발전하지만 궁극적으로 B에 종속되어 있습니다. 그리고 호수적 교환A에 근거하는 자치적 농업공동체가 있습니다. 물론 그것은 전제국가 내지 봉건국가에 의해 연공(年貢)이나 부역을 부과당하지만 말입니다. 자본제 이전의 국가사회에서는 교환양식A · B · C가 그처럼 결합되어 있었습니다.

근대에서 비로소 교환양식C가 지배적이 됩니다. 하지만 그것에 의해 다른 교환양식이 사라지는 것이 아니라 그저 형태를 바꿀 뿐입니다. 예를 들어, 국가(교환양식B)는 교환양식C가 지배적이 되었을 때, 변형됩니다. 그때까지 연공이나 부역이었던 것이 세금이나 징병제가 되는 것입니다. 다른 한편 공동체(교환양식A)는 화폐경제의 침투 하에서 해체되지만, 그것은 네이션으로서 상상적으로 회복됩니다. 이리하여 교환양식C 하에서 이제까지의 A · B · C의 접합체가 재편성됩니다. 이것이 내가 자본=네이션=국가라고 부르는 것입니다.

여기서 네이션의 특질을 살펴보지요. 베네딕트 앤더슨은 네이션이 18세기 유럽에서 종교가 계몽주의에 의해 쇠퇴함에 따라 그것의 대리보충으로서 생겨났다고 말합니다. 하지만 쇠퇴한 것은 공동체에 의거한 종교였고 개인의 종교는 남아있습니다. 즉 쇠퇴한 것은 실은 공동체였던 것입니다. 그러므로 네이션은 종교의 대리보충이라기보다 공동체의 대리보충이라고 해야 합니다.

이것은 교환양식에서 보면 명확합니다. 농업공동체 경제에서는 그저 살아있는 자들 사이에만이 아니라 죽은 자(선조)와 앞으로 태어날 자(자손) 사이에도 호수적 교환이 상정되어 있습니다. 예를 들어 나무를 심으면, 그 나무를 파는 것은 수세대 후의 자손입니다. 이처럼 살아있는 자는 자손을 생각해서 행동하고, 또 자손은 그들을 위해 배려해준 선조에게 감사합니다. 농업공동체의 쇠퇴와 더불어 자신의 존재를 선조와 자손 사이에 둠으로써 얻을 수 있는 이와 같은 영속성이라는 관념도 사라집니다.

그 후 종교는 개인의 종교로서는 남아있었지만 공동체의 이런 시간성을 회복하는 것일 수는 없었습니다. 그런데 그것을 상상적으로 회복하는 것이 네이션입니다. 따라서 '국민'이란 현재 있는 자들만이 아니라 과거와 미래의 성원을 포함하는 것입니다. 내셔널리즘이 과거와 미래에 얽매이는 것은 그 때문입니다. 그것은 선조와 자손 사이에 호수성을 회복하고 영원한 시간을 상상하게 만드는 것입니다.

이처럼 네이션은 전통적인 공동체가 무너진 후에 그것을 커버하는 형태로 성립합니다. 즉 교환양식A의 회복입니다. 그것은 호수적, 상호부조적이고 평등주의적인 것입니다. 적어도 그처럼 상상되는 공동체가 네이션인 것입니다. 이와 같은 네이션이 환기되는 것은 교환양식C가 침투하고 그것이 다양한 모순을 가져올 때입니다. 국가에서도 자본에서도 지배자와 피지배자 또는 계급관계가 생깁니다. 하지만 그와 같은 불평등을 허락하지 않는 것이 네이션입니다.

자본=네이션=국가에서는 네이션이 자본과 국가가 가져오는 불평등이나 지배관계를 완화시키고 분열을 통합하는 역할을 합니다. 따라서 헤겔은 『법철학강의』에서 네이션을 이성적인 것으로서 최상위에 두었던 것입니다. 네이션을 경제적·정치적인 관념만으로 생각할 수 없습니다. 하지만 그것은 네이션이 경제나 정치와 다른 어떤 정신적 레벨의 문제라는 것을 의미하지는 않습니다. 그것은 네이션이 상품경제와 다른 타입의 교환, 즉 호수적 교환에서 기인한다는 것을 의미합니다.

 이것은 교환양식D와 닮아있습니다. 하지만 닮았지만 다른 것입니다. 네이션은 교환양식C의 침투에 의해 공동체가 사라지거나 혹은 불평등이 생겼을 때, 그와 같은 호수성을 상상적으로 회복하는 것입니다. 그것은 예를 들어 같은 일본인이 이처럼 불평등한 대우를 받아도 되는가, 빈궁해도 되는가라는 목소리로 등장합니다. 그러므로 그것은 D처럼 보입니다. 하지만 이런 호수성은 '일본인' 이외는 배제합니다. 그러므로 네이션 안에서는 아름답고 친절하지만 외부인에 대해서는 냉담합니다.

 또 이것은 현실적으로 자본주의경제에 손을 대는 것이 아닙니다. 그저 국가를 통해 부의 재분배를 행하는 것뿐입니다. 또 네이션에 의한 호수성의 회복은 전통적인 사회질서의 회복이어서 근대적 시민으로서의 권리들을 부정해버리는 경향이 있습니다. 그에 반해 교환양식D는 호수성의 '고차원적인 회복'입니다. 그것은 호수적 공동체를 한번 부정했을 때만 실현되는 것입니다.

3. 파시즘

 이상은 일반론입니다. 실제로 영국이나 아메리카 등을 제외하고 공동체는 간단히 해체되지 않습니다. 그리고 공동체가 강하게 남아있는 곳에서는 네이션이 형성되기 힘듭니다. 예를 들어, 중국에서는 친족 네트워크가 강합니다. 그것이 국민국가를 형성하는 데 장애가 되어 왔습니다. 중국에서 네이션이 형성된 것은 모택동숭배를 통해서라고 생각합니다. 그것은 메이지 이후 일본인의 경험으로부터도 명확합니다.

 도쿠가와(德川)시대의 일본에는 국민이 없었습니다. 사람들은 구니(國)[1], 한(藩), 무라(村), 신분직업으로 나뉘어 있었고, 같은 국민이라는 의식은 없었습니다. 그것이 형성된 것은 메이지유신 이후 모든 일본인을 천황의 신하로 삼는, 즉 '황민'으로 삼는 절대주의적인 체제를 통해서입니다. 메이지국가는 천황제 하에서 징병제와 의무교육을 통해 사람들을 빨리 '국민'으로 바꾸려 했습니다. 하지만 국민의식이 정

1_ 일본어 구니(國)에는 '지방', '고향' 등의 의미가 있다.

착한 것은 러일전쟁 이후, 메이지의 절대주의체제를 부정하는 소위 '다이쇼데모크라시' 시기입니다. 마찬가지로 중국에서는 말하자면 한 번 '모민(毛民)'이 된 후, 일정한 모택동비판을 통해서 '국민'이 되었습니다. 그러므로 네이션을 한(漢)민족과 같은 에스닉(ethnic)한 관념으로 생각하는 것은 잘못입니다.

앞서 제국주의에서 자본·국가는 네이션의 멍에에서 해방된다는 주장을 소개했는데, 일본은 어떠했을까요. 일본이 제국주의의 징후를 보인 것은 청일전쟁(1894)부터입니다. 이 시기에는 네이션의 멍에라는 것은 없었다고 해야 합니다. 그럼에도 불구하고 이상의 주장은 어떤 의미에서 타당합니다. 예를 들어, 1880년대에 자유민권운동이 고조되었습니다. 하지만 1890년대에 헌법이 발포되고 제국의회가 시작된 시점에서 '민권'파는 사라졌습니다. 그들은 대개 '국권'파, 즉 제국주의로 전향했습니다. 한편 '민권'파를 일관되게 유지한 사람들, 예를 들어 나카에 조민[2]은 이 시기부터 사회주의자가 되었습니다. 그 제자가 아나키스트인 고토쿠 슈스이[3]입니다. 하지만 이 시기는

•••• 2_ 中江兆民: 1847-1901. 일본의 사상가, 언론인, 정치가. 시코쿠(四國) 고치현(高知縣)에서 태어나 호소카와 준지로(細川潤次郎)에게 난학(蘭學)을 공부했고 19세에 한(藩)의 유학생으로 나가사키·에도에서 프랑스어를 배웠다. 1871년 국비유학생으로 프랑스에 유학하여 철학·사학·문학을 연구하였다. 1874년 귀국하여 불학숙(佛學塾)을 열어 신학문을 가르쳤고, 1881년 사이온지 긴모치(西園寺公望)가 창간한 <동양자유신문>의 주필로 지내면서 정부를 비판하고 민권사상을 보급하는 데에 앞장섰다. 그가 번역한 『민약역해』(루소의 『사회계약론』을 번역한 것)는 당대에 커다란 영향을 끼쳤다. 주요저서로 『일년유반(一年有半)』, 『삼취인경륜문답(三醉人經綸問答)』('수유+너머' 일본근대사상팀 옮김, 소명출판) 등이 있다.

3_ 幸德秋水: 1871-1911. 일본의 대표적인 무정부주의자. 고치현(高知縣) 출생. 1893년부터 <자유신문>과 <만조보(萬朝報)>의 신문기자로 일했으며, 1897년 무렵 사회주의자가 되어 제국주의를 탄핵하는 『20세기의 괴물

전쟁이 현실에 존재했기 때문에 제국주의가 압도적으로 지배적이었습니다.

일본에서 '국민국가'라는 느낌이 생겨난 것은 러일전쟁 이후, 대외적 긴장에서 잠시 해방되어 내부의 문제를 볼 여유가 생긴 시기입니다. 그때 말하자면 '민권'파가 회복되었습니다. 1925년에는 보통선거법도 통과되었습니다. 그와 같은 과정이 '다이쇼데모크라시'라고 불리고 있습니다. 앞서 말한 것처럼 이 시기에 메이지시대에는 없었던 타입의 내셔널리즘이 등장했습니다. 즉 네이션이 중요한 의미를 가지게 된 것입니다.

그것은 러시아혁명과 그 여진에 대응하는 것입니다. 처음으로 일본의 자본=국가는 사회주의혁명에 두려움을 느끼고 '반혁명'적인 정책을 취합니다. 하지만 그것으로 해결될 문제가 아니었습니다. 현실적으로 경제공황과 더불어 노동자나 농민의 궁핍이 있었고, 대공황과 더불어 그것을 방치할 수 없는 상황이 생겨났습니다. 그때 나온 것이 파시즘입니다. 이것은 먼저 이탈리아에서 나왔고, 독일이나 일본에서도 발생했습니다. 파시즘은 독일의 경우 나치의 당명(내셔널사회주의독일노동자당)이 보여주는 것처럼 '국가사회주의'가 아니라 '내셔널한 사회주의'입니다. 즉 그것은 네이션에 의해 자본과 국가를 넘어서려는

····　제국주의』(1901)를 썼다. 1903년 헤이민사(平民社)를 결성했고 <헤이민신문>을 창간하여 러일전쟁에 반대했다. 1905년 약 6개월 동안 미국에 머무르면서 아나르코 생디칼리슴(anarcho-syndicalisme)으로 전향했고 1907년 <헤이민신문>을 통하여 노동자의 직접행동, 즉 총동맹파업을 주장하였다.
　　1910년 일부 급진파가 계획하고 있던 천황암살계획 혐의로 체포되었고, 사회주의자에 대한 탄압의 일환으로 이 사건을 확대해석한 당국에 의해 처형되었다.

시도입니다.

그런 의미에서 파시즘은 '반혁명'이 아니라 네이션에 의한 '대항-혁명'입니다. 물론 네이션에 의해 자본주의와 국가를 넘어설 수는 없습니다. 그것이 만들어내는 것은 자본주의와 국가를 넘어서는 '상상의 공동체'에 지나지 않습니다. 하지만 많은 나라에서 파시즘이 강한 매력을 가졌던 것은 그것이 모든 모순을 '지금 여기서' 넘어서는 꿈 —— 실제로는 악몽입니다! —— 과 같은 세계의 비전을 부여했기 때문입니다.

일본의 경우, 내셔널한 것은 천황과 결부됩니다. 메이지천황은 어떤 의미에서 절대주의적 왕권이고 명확히 국권과 결부되어 있습니다만, 다이쇼·쇼와기에 들어서면, 천황은 일본에서 네이션을 상징하는 것이 됩니다. 그와 같은 견해를 가장 첨예하게 보여준 이가 곤도 세이쿄[4]입니다. 그는 반국가주의·반자본주의를 주창하고 사직(社稷: 농업공동체)의 회복을 주창했습니다. 이때 그는 그것을 상징하는 것으로서 천황을 들고 왔습니다. 이 경우 천황은 메이지 이후의 절대왕정과는 반대로 일본의 고대국가 성립 이전에 존재했던 씨족사회의 수장과 같은 존재로 해석되었습니다. 즉 천황은 국가와 대립하는 네이션을 상징하는 것으로서 재환기되었던 것입니다.

곤도가 1930년대 우익에 커다란 영향을 준 것은 말할 것도 없습니다

---

[4]_ 權藤成卿: 1868-1936. 농본주의자, 아나키스트, 한학자, 제도(制度)학자. 국학자의 아들로 출생. 친구가 조선 문제에 개입하는 것에 자극을 받아, 조선으로 건너와 사업을 하다 실패. 우치다 료헤이(內田良平)를 알게 되어 흑룡회 결성에 참가, 이후 아시아 연구에 뜻을 두고 17년에 걸쳐 조선, 중국, 러시아 등을 방문. 중국에 체류할 당시 혁명이 발발하자 동지들과 함께 혁명 지도자의 일원으로서 참가. 1900년에 상경하여 일본의 제도, 전례(典禮)를 연구. 그 성과를 『황민자치주의』(1919)로 펴낸다.

만, 흥미롭게도 많은 아나키스트들이 그를 지지했습니다. 천황 하에서만 국가 없는 사회가 가능하다고 진정으로 생각하는 아나키스트가 많이 있었던 것입니다. 이것은 파시즘과 아나키즘의 친화성, 혹은 내셔널리즘과 사회주의의 유연성(類緣性)을 보여주고 있습니다. 아니 그보다 그것은 교환양식A와 교환양식D의 유사성을 보여주고 있습니다. 앞서 서술한 것처럼 그것들은 '닮았지만 다른' 것으로서 말입니다.

1930년대의 파시즘은 이처럼 천황친정(親政)을 통해 국가관료나 금융자본(재벌)을 타도하고 궁핍한 농민이나 노동자를 구제하는 것을 목표로 삼았습니다. 일본에서 각종 파시즘의 집대성은 고노에 후미마로의 '신체제'라고 말할 수 있습니다. 고노에는 일종의 보나파르트주의자로 군부·재벌·우익에서 미키 기요시[5]·오자키 호쓰미[6]와 같은

5_ 三木清: 1897-1945: 철학자. 교토대 재학 중 니시다 기타로, 다나베 하지메(田辺元) 등으로부터 영향을 받았다. 1922년 이와나미 시게오(岩波茂雄)의 도움으로 하이델베르크대학에 유학, 하인리히 리케르트의 세미나에 참가했고, 이후 마르부르크대학으로 옮겨 하이데거에게 사사한다. 1925년 귀국하여 처녀작 『파스칼의 인간 연구』를 발간하고 호세이대학에 자리를 잡지만, 1930년 일본공산당에 자금을 제공했다는 이유로 체포되어 전향을 강요당했다.
대학에서 쫓겨난 이후로 문필활동에 전력했으며, 1930년대 후반 고토 류노스케(後藤隆之助), 고노에 후미마로(近衛文麿)의 지인들이 중심이 되어 조직한 '쇼와연구회'에 적극적으로 참여했다. 이때 그는 '협동주의'라는 일종의 다문화주의적인 입장을 내걸었다. 1945년 치안유지법 위반 피의자를 가석방 중에 숨겨주었다는 이유로 검사구류처분을 받고 형무소에 수감되어 있다 패전 직후에 옥사했다. 주요저서로 『파스칼의 인간 연구』(1926), 『아리스토텔레스의 형이상학』(1935), 『철학노트』(1941), 『구상력의 논리』(1939) 등이 있다.
6_ 尾崎秀實: 1901-1944. 일본의 평론가, 언론인, 공산주의자. 아사히신문기자, 내각촉탁 만철조사부 촉탁직원으로 근무했다. 고노에 후미마로 정권의 브레인으로서 정치, 언론계에 중요한 지위에 있어서 군부와도 독자적

사회주의자에 이르는 다양한 지지를 얻었습니다. 모든 정당이 해산되고 고노에 산하의 익찬정당이 되기 직전에 이를 정도였습니다. 고노에의 신체제는 자본·국가를 부정하는 포즈를 취하면서도 자본·국가의 지지도 얻었습니다. 이런 사고를 철학적으로 정리하면, '근대의 초극'이라는 것이 됩니다. 이 슬로건은 산업자본주의, 제국주의, 소련 사회주의, 아메리카자본주의를 초극해야 할 근대로 간주합니다.

그런데 파시즘을 배척한 아메리카 등의 선진자본주의국가에서도 독점기업을 금지하고 금융자본의 폭주를 규제하는 법, 그리고 국가의 경제개입에 의해 노동자·농민을 구제하는 정책이 취해졌습니다. 심각한 불황 하에서 사회주의혁명이 두려워 그렇게 할 수밖에 없었습니다. 또 파시즘국가는 제2차 대전에서 패하여 아메리카의 지배하에 놓였지만, 그들의 정책들은 다수 계승되었습니다. 특히 노동자농민을 보호하는 정책이나 법률 등이 그러합니다. 예를 들어, 일본에서는 고노에내각의 '신체제'에 의해 만들어진 많은 제도가 전후 아메리카의 점령정치를 거친 후에도 살아남았습니다. 그것을 '1940년 체제'(노구치 유키오[7])라고 명명하고 전면적으로 파괴하려고 한 것이 1990년대의 '신자유주의'입니다.

전후의 세계는 아메리카가 헤게모니국가인 '자유주의적' 단계에 있었습니다. 미소의 심각한 상극이 있었던 것처럼 보이지만, '냉전체

* * * * 인 관계를 가졌고, 중일전쟁에서 태평양전쟁 개전 직전까지 정치의 최상층부와 접촉하여 국정에 영향을 끼쳤다.
   　공산주의자이자 혁명가인 리하르트 조르게(Richard Sorge)가 주도한 소비에트연방의 첩보조직인 '조르게첩보단'에 참여하여 스파이로 활동하다 1941년 발각되어 사형을 당했다.
   7_ 野口悠紀雄: 1940- . 대장성 출신 경제학자. 전문은 일본경제론과 파이낸스이론.

제'는 어떤 의미에서 세계를 안정시키는 시스템이었습니다. 선진자본주의국가에서는 소련권에 대항하여 노동자나 농민을 보호하는 복지정책을 취했습니다. 일본에서 자민당과 사회당은 일견 격하게 대립한 것처럼 보입니다만, 실제로는 사회당의 반대를 자민당은 적당히 수용해왔습니다. 그와 같은 상호부조적인 체제 하에서 일본적 복지국가가 형성되었습니다. 그것이 정점에 달한 것이 1980년대입니다. 그런데 그것은 동시에 그와 같은 시스템이 노후화되고 모순이 노정되었던 시기이기도 했습니다. '신자유주의'는 이 시기에 시작됩니다. 즉 자본=국가는 네이션의 멍에로부터의 해방을 시도한 것입니다.

그것이 일거에 표면화된 것은 소련권이 붕괴되었을 때입니다. 그 시기 일본에서는 기존의 노동조합(總評[8])이 해체되고 사회당은 소멸되었습니다. 그때까지 일본에는 공동체적 또는 호수적인 교환관계가 각지에 남아있었습니다. 대기업에서도 종신고용제가 있었고, 그것이 영원히 계속될 것 같은 '상상의 공동체'가 있었습니다. 하지만 그것이 급격히 무너지고 계약사원이나 파견사원의 비율이 급격히 증가했습니다. 또 의료보험제, 연금제와 같은 복지국가의 근간이 무너졌습니다. 이것이 신자유주의입니다.

8_ 일본노동조합총평의회(日本勞働組合總評議會)의 약자.

4. 자본의 전제(專制)

신자유주의란 '자본의 전제'의 실현입니다. 이것은 이제까지 교환양식A나 B가 있었던 곳에 교환양식C가 깊이 침투하는 것을 의미합니다. 오늘날 상품화가 이루어지지 않는 영역은 거의 없습니다. 예를 들어, 신체 장기나 갓난아이의 매매가 세계적으로 일어나고 있습니다. 또 미술작품의 가치는 완전히 옥션에서 결정됩니다. 옛날에는 상업적 가치와 예술적 가치가 구별되었지만, 그런 구별은 더 이상 성립하지 않습니다.

이처럼 교환양식C가 침투하면, 교환양식B 즉 폭력적인 강제는 두드러지지 않게 됩니다. 자유에 의한 강제, 즉 시장에 의한 강제가 일반화되기 때문입니다. 예를 들어, 국립대학은 일찍이 대학의 자치, 교수회의 자치라는 명목으로 거의 봉건영주처럼 자율성을 가지고 있었지만, '민영화'와 더불어 즉 시장경제의 원리를 따름과 동시에 국가적 통제에 종속되게 되었습니다.

교환양식C의 한층 심해진 침투에 의해 교환양식A는 점점 쇠퇴합니다. 그 때문에 공동체적인 구속이 약해지지만, 그렇다고 해서 사람들이 그만큼 자립을 하는 것도 아닙니다. 그저 타인과의 관계에서 벗어나 혼자 틀어박힐 뿐입니다. 그와 더불어 타인에 대한 무관심이 일반화됩니다. 그래서 동정이나 윤리성은 경멸해야 하는 것으로 간주됩니다. 당연히 패자나 약자는 '자기책임'이라는 이유로 내버려집니다. 제국주의시대를 풍미한 사회적 다위니즘이 재등장한 것입니다. 오해를 불식시키기 위해 말해두지만, 이것은 파시즘과 다릅니다. 파시즘은 적어도 자본에의 저항을 포함하고 있었고, 네이션으로서의 일체성을 환기시키는 것이었습니다. '자본의 전제'에는 그런 것이 없습니다. 앞으로도 그것은 더욱 강해질 것입니다.

그런데 '자본의 전제'는 왜 생기는 것일까요. 그것은 자본주의경제가 강해졌기 때문이 아닙니다. 역으로 한계에까지 내몰렸기 때문입니다. 그것이 강했던 동안에 자본은 노동자·농민에게 이익을 재분배했지만, 이제는 네이션을 희생해서라도 자기증식을 하지 않으면 안 되게 된 것입니다. 그러므로 모든 영역에 상품경제화를 진행시켜야 합니다. 그렇다면 그에 의해 희생되는 당사자들은 왜 저항을 하려고 하지 않을까요, 저항은커녕 왜 자본＝국가가 해외에서 좀 더 발전하기를 빌까요.

나는 3.11지진 후, 네이션에 대해 사고했습니다. 후쿠시마 제1원전 사고가 노정한 것은 원전을 멈추는 것이 간단하지 않다는 사실입니다. 원자로를 폐기한다고 해도 그 후 몇 백 년은 관리를 해야 합니다. 핵폐기물을 완전히 처리하기 위해서는 다시 몇 천, 몇 만 년이 걸립니다. 이런 것을 생각하면, 원전이 경제적이다, 환경에 좋다…… 등의 논의는 성립하지 않습니다. '경제적'이라고 해도 지금 살고 있는 인간들 간의 계산입니다. 다른 관점에서 말하면, 그것은 교환양식C만을 교환이라고 생각하는 것입니다. 하지만 (경제적) 교환 가운데에는 호수적인 교환이 있습니다. 게다가 그것은 부재하는 타자(선조나 자손)와의 교환을 포함합니다.

원전은 미래의 인간에게 일방적으로 뒤치다꺼리를 떠맡기는 것입니다. 설령 사고가 없었다고 해도 그러한데, 원전사고는 국토를 방사선으로 오염시키고 어업, 농업, 축산업 등을 회복 불가능한 상태로 만들었습니다. 그것은 이를 생업으로 하여 살아온 사람들의 생활, 선조로부터 면면히 이어져온 전통을 망치는 것입니다. 그것은 단순히 금전적인 배상으로 되돌릴 수 있는 문제가 아닙니다. 그것은 선조와 자손의 호수적 영속성을 파괴해버리기 때문입니다.

'아름다운 일본'의 국토가 오염되고, 방사선으로 우리 자손이 고통스럽게 된다. 내셔널리스트라면, 이런 것에 대해 격분하지 않을 수 없다고 생각합니다. 하지만 놀란 것은 오히려 그와 같은 내셔널리스트가 거의 없었다는 점입니다. 보수이면서 원전에 반대하는 타입의 사람들이 없는 것은 아니지만, 대부분의 내셔널리스트는 탈원전으로 일본이 국제경쟁에서 불리하게 될 것을 두려워하고 있습니다. 즉 그들은 이제 내셔널리스트가 아니라 자본=국가에 동조하고 동일화하는 국가주의자(statist)인 것입니다.

예를 들어, 기업이 해외로 나갈 때, 많은 사람들은 직업을 잃습니다. 하지만 그것에 대해 국가주의자는 항의하지 않습니다. 역으로 일본기업이 해외에 나가서 경제전쟁에서 이기는 것을 지지합니다. 그것이 잘 이루어지지 않으면, 우세한 타국을 원망합니다. 일본의 내셔널리즘은 이제 평등성이나 호수성이라는 관념과 무관합니다. 네이션은 자본=국가에 의해 완전히 꼼짝 못하게 된 것입니다.

물론 일거에 그렇게 된 것은 아닙니다. 예를 들어, 복지국가시기에 제1차 산업(농림수산업)은 극진히 보호되었습니다. 하지만 그것은 보수정당의 지지층으로서 필요했기 때문이고, 산업으로서는 쇠퇴하고 공동체로서는 공허해지고 있을 뿐이었습니다. 그것은 농업인구를 보면 일목요연합니다. 젊은이들은 자본 밑에서 일하기 위해 고향을 떠났다, 남은 사람들에게 미래의 전망이 없다, 앞으로 자손이 뒤를 잇는 것도 아니다, 그나마 현재의 생활수준을 유지할 수 있으면 된다……. 이렇게 생각하는 사람들을 국가와 자본은 감언과 협박으로 원전 건설로 이끈 것입니다.

5. 아시오동산(足尾銅山)광독(鑛毒)사건

나는 신자유주의를 이해하기 위해서는 제국주의의 시대를 되돌아 보면 된다고 말했습니다. 그렇게 했을 때 바로 눈에 띄는 것이 아시오 동산광독사건입니다. 이것은 1880년대에 개발된 아시오동산이 정련에 수반되는 아류산가스를 배출하여 주변의 산림을 고사시키고 대량의 광독물질을 와타라세가와(渡良瀨川)에 흘려보내 하천의 농지를 오염시켜 이에 대해 반대운동이 수십 년이나 이어진 유명한 사건입니다. 미나마타(水俣)가 사회문제가 된 60년대 이래로 이것은 '일본의 공해(公害)운동의 원점'으로서 회고됩니다.

나는 이 사건에 대해 근대문학사의 중요한 계기로 주목한 기억이 있습니다. 아시오동산사건으로 말하자면, 아라하타 간손[1]이 스무 살에

1_ 荒畑寒村: 1887-1981. 일본의 사회주의자, 작가. 요코스카(橫須賀) 해군공장에 근무하는 중에 노동운동에 참가. 고토쿠 슈스이 등이 편집한 <헤이민신문>의 비전론에 공명하여 사회주의에 접근했다. 1908년 아카하타(赤旗)사건으로 검거된다. 1912년 오스기 사카에(大杉榮)와 『근대사상』을 창간하고 <헤이민신문>을 발행하지만, 노선대립이 표면화되자 오스기와 결별하고 노동조합활동을 이어가면서 간사이(關西)에서 활동. 1920년 일

쓴 『야나카무라멸망사(谷中村滅亡史)』(1907)가 유명하지만, 예를 들어 나쓰메 소세키는 아시오동산을 무대로 하여 『갱부』(1908)를 쓰고 있습니다. 소세키는 이 작품을 현지취재 없이 그냥 듣고서 썼습니다. 그러므로 동산의 실태는 충분히 쒸어있지 않습니다. 하지만 그가 아시오동산에 관심을 가지고 있었다는 것은 분명합니다.

그리고 아시오동산에 깊은 관심을 가지고 있던 작가로 시가 나오야²가 있습니다. 그의 소설은 주로 아버지와의 절교와 화해를 주제로 삼고 있다고 해도 좋습니다만, 부자의 대립은 아시오동산광독사건과 관련되어 있습니다. 가쿠슈인(學習院) 학생이었던 시가가 광독사건을 시찰하려고 하자 아버지의 반대가 있었습니다. 그의 조부 나오미치(直道)가 구(舊)소마한(相馬藩)의 가신(家臣)으로 후루카와 이치베³(이후 후루카와재벌이 됩니다)와 함께 아시오동산을 경영한 사실이 있었기 때문입니다. 그 후 시가 나오야는 1910년에 잡지 『시라카바(白樺)』를 창간하기에 이릅니다.

하지만 내가 이 아시오동산사건에 다시 주목한 것은 3.11 이후입니다. 첫째로, 아시오동산은 1973년에 폐광이 되었지만, 그 이전에 광산에서 나온 유독한 폐기물이 퇴적되어 있었고 지진이 있었던 3.11에

•••• 본사회주의 동맹, 1922년 일본공산당 창설에 각각 참여. 1923년 제1차공산당사건으로 다시 검거되었다. 1927년 『노농(勞農)』 창간에 참여하여 노농파의 중심멤버로 활약했다. 1937년 인민전선사건으로 검거되었다. 전후에는 일본공산당 결성에 참여하는 것은 물론, 중의원의원으로서 활동하기도 했다. 주요저서로 『야나카무라멸망사』 이외에 『헤이민샤시대』, 『러시아혁명전사』 등이 있다.

2_ 志賀直哉: 1883-1971. 시라카바파(白樺派)를 대표하는 소설가 중 한 사람으로 일본에서 '소설의 신'으로 불린다. 대표작으로 『암야행로(暗夜行路)』, 「화해」, 「기노사키에서」 등이 있다.

3_ 古河市兵衛: 1832-1903. 일본의 실업가로 후루카와(古河)재벌의 창업자.

퇴적장이 무너져 광독오염물질이 다시 와타라세가와로 유입되었다는 뉴스를 들었기 때문입니다.

둘째로, 이 사건이 후쿠시마현과 접한 도치기현과 군마현의 한 지역에서 일어났다는 것입니다.

셋째로, 대량의 광독물이 와타라세가와로 흐른 결과, 상류 및 하류의 마을이 폐촌으로 내몰렸다는 것입니다. 마을사람은 홋카이도 등 여러 곳으로 이주했습니다.

넷째로, 아시오동산은 원래 국가가 후루카와 이치베에게 대여한 것으로, 외화획득을 위해 불가결한 수출산업으로서 국가가 후원해온 국책민영기업이었습니다. 따라서 역대정부는 광독문제를 항상 은폐하고 감언과 강권으로 농민의 저항을 억눌렀습니다.

다섯째, 이 사건과 관련해서는 항상 피해자인 농민만 주목을 받았지, 이런 광독을 초래한 동산 안의 노동이 어떠한 것이었는지, 또 갱부가 어떤 존재였는지는 무시되고 있습니다. 이는 원전이 말단노동자의 반노예적인 가혹한 노동에 의거해왔다는 사실이 무시되고 있는 것과 같습니다.

이상과 같은 점에서 후쿠시마원전사고는 아시오동산광독사건과 매우 유사하다고 생각합니다. 게다가 그것들은 지리적으로도 근접한 곳에서 일어났습니다. 이에 더하여 중요한 것은 앞서 서술한 것처럼 아시오동산광독사건이 '제국주의적'인 단계에서 일어났다는 점입니다. 실제 이 사건은 청일전쟁과 러일전쟁이 일어나는 가운데 계속되었습니다. 이 시기 자본=국가는 농민의 생활이 어떻게 되든 공동체가 파괴되든 말든 상관하지 않았습니다.

하지만 지금과 달리 당시는 다나카 쇼조[4]로 대표되는 농민의 강한 반대운동이 있었습니다. 그 기반은 강제적으로 폐촌이 된 야나카무라

(谷中村)와 같은 농업공동체에 있었다고 말할 수 있습니다. 봉건시대부터 이어진 공동체의 호수성, 그것이 자본=국가에 대항하는 힘이었습니다. 말할 것도 없이 그와 같은 공동체는 이제 없습니다. 또 선조부터 자손으로 영원히 이어지는 것과 같은 '상상의 공동체'도 존재하지 않습니다. 자본=국가에 동조하는 단기적인 이익공동체가 있을 뿐입니다.

그렇다면 앞으로 '자본의 전제'가 좀 더 진행된다면 어떻게 될까요. 그에 대한 대항운동은 가능할까요. 이와 같은 물음에 대해 나는 비관적이면서 낙관적입니다. 비관적인 것은 자본=국가가 그 한계에 직면하여 모양새에 개의치 않고 존속을 기도할 것이 명백하기 때문입니다. 낙관적인 것은 자본=국가가 아무리 책동을 자행하더라도 결국 무덤을 파게 될 것이 명백하기 때문입니다.

이 점에 관해서 지난날의 '제국주의'시대를 되돌아보지요. 예를 들어, 메이지시대 말기에 이시카와 다쿠보쿠[5]는 「시대폐색의 현상」(1910)이라는 평론을 썼습니다. 그것은 대역사건 등이 있었던 시기입

· · · ·
4_ 田中正造: 1841-1913. 일본의 첫 환경오염사건이라고 이야기되는 아시오 동산광독사건을 고발한 정치가로 유명. 중의원의원 선거에서 6회 당선. 아시오광독사건과 관련하여 메이지천황에게 직소(直訴)를 시도하기도 했다. 정계를 은퇴한 후로도 모든 것을 바쳐서 광독반대운동을 이어갔고, 그 결과 그가 죽었을 때 무일푼이었다고 한다.
5_ 石川啄木: 1886-1912. 시인이자 평론가. 1905년, 처녀시집 『동경(憧憬)』을 발간하여 조숙한 시재를 발휘하였다. 같은 해 초등학교의 교원이 되었으나 교장 배척의 스트라이크를 일으키고 실직한 후 생활고에 시달렸다. 사상적으로는 1910년에 일어난 대역(大逆)사건의 진상을 알게 되면서 급속히 사회주의 사상으로 기울어졌으며, 조선에 대해 매우 동정적이었다. 만년에 잡지를 기획하는 등 열심이었지만, 신병 때문에 뜻을 이루지 못하고 26세로 요절했다. 하지만 그의 시와 평론은 재평가 과정을 거치면서 많은 이들에게 큰 영향을 끼쳤다.

니다. 하지만 다이쇼기에 들어가면, 다이쇼휴머니즘, 다이쇼데모크라시라고 불리는 변화가 생겨납니다. 이것은 '제국주의적' 경향을 부정하는 것입니다. 그리고 이와 같은 변화는 아시오동산사건과 그에 대한 장기간에 걸친 대항운동이 계기가 되었다고 해도 좋다고 생각합니다. 앞서 서술한 것처럼 시가 나오야가 잡지 『시라카바』를 창간한 것은 1910년입니다. 그런 의미에서 나는 후쿠시마원전사고와 반원전운동이 일본사회를 바꾸게 될 것이라고 생각합니다.

Ⅳ. 세계사에서의 정주혁명

1. 유동적 수렵채집민

나는 『세계사의 구조』에서 사회구성체의 역사를 생산양식이 아닌 교환양식에서 보려고 했습니다. 모든 사회구성체는 복수의 교환양식이 접합함으로써 존재합니다. 다만 어떤 교환양식이 주요한가에 의해 달라집니다. 이 경우 중요한 것은 주요한 교환양식의 이행입니다. 그것에 의해 사회가 근본적으로 바뀌기 때문입니다.

사회구성체의 역사에서 가장 주목받아온 것은 산업자본주의사회의 성립입니다. 이것은 우리와 가깝기 때문에 당연합니다. 이 경우 이행이란 교환양식C가 지배적이 되는 것을 말합니다. 다음으로 주목받는 것은 국가의 성립이라는 문제입니다. 이 이행은 교환양식B가 지배적이 되는 것입니다. 하지만 국가 이전의 사회구성체에 대해서는 그런 이행이나 근원이 문제시되지 않습니다. 왜일까요. 여기에서는 호수교환 즉 교환양식A가 지배적인데, 미개단계에서는 그것이 일반적이라고 생각됩니다. 즉 그것이 새롭게 형성된 것이라고 생각하지 않습니다. 따라서 그 기원이 문제시되지 않는 것입니다.

인류학자는 이제까지 소위 미개사회를 다루어왔습니다. 하지만 미개사회는 매우 다양하여 수렵채집의 표박(漂泊)소밴드에서 어업, 그리고 간단한 강수농업, 화전농업을 경영하는 씨족사회에 이르고 있습니다. 그리고 씨족사회도 단순한 수장제에서 왕권에 가까운 권력을 가진 수장제까지 분포해 있습니다. 즉 소위 미개사회에는 질적으로 다른 사회구성체가 포함되어 있음에도 불구하고, 그것들이 동일한 것처럼 다루어져 왔습니다.

마르셀 모스는 이들 미개사회를 구성하고 있는 것이 호수성(상호성)의 원리라는 점을 지적했습니다. 즉 교환양식A입니다. 이 원리는 증여를 할 의무, 증여를 받을 의무, 그리고 그에 답례를 할 의무 세 가지로부터 성립하고 있습니다. 하지만 이 원리가 소위 미개사회 전반에 적합한 것은 아닙니다. 나는 이 원리가 유동적인 수렵채집민사회에는 없었다고 생각합니다. 그것은 씨족사회로의 이행에서 생겨난 것입니다.

바꿔 말해, 그것은 유동적 수렵채집민사회에서 씨족사회로 이행했을 때에 생겨났다는 것을 의미합니다. 씨족사회, 즉 교환양식A가 지배적인 사회구성체의 출현은 산업자본주의, 국가사회의 출현에 못지않게 중요하고 획기적인 사건입니다. 그럼에도 불구하고 이런 '이행'은 주목받지 못한 채로 있습니다. 즉 씨족사회도 그 이전 사회도 같은 것으로 다루어져 온 것입니다.

마르크스도 엥겔스도 '원시적 공산제'에 대해서 말했습니다. 그들이 생각하기에는 그것을 고차원적으로 회복한 것이 공산주의입니다. 그렇다면 원시적 공산제란 어떤 사회일까요. 마르크스는 그것을 씨족사회에서 발견하고 있습니다. 그들은 씨족사회와 그 이전 유동민 사회를 구별하지 않았습니다. 왜냐하면, '생산양식'이라는 관점에서 보고 있었기 때문입니다. 즉 생산수단이 공유되고 있다는 관점에서 그것들을 보고 있었습니다. 그렇게 되면 유동적 수렵채집사회와 씨족사회에 큰 차이는 없습니다. 그러므로 마르크스 등은 씨족사회에서 원시공산제를 본 것입니다. 하지만 이 두 가지에는 커다란 차이가 존재합니다.

이 차이를 알기 위해서는 유동적 수렵채집민사회와 씨족사회가 어떻게 다른지를 조사해보면 됩니다. 하지만 사실 그것은 불가능합니다. 왜냐하면, 현존하는 유동적 수렵채집민사회는 태고부터 이어져 내려온 것이라고 말할 수 없기 때문입니다. 예를 들어, 칼라하리사막에 있는 수렵채집민인 부시먼은 원래 거기에 있었던 것이 아니라 다른 부족에게 내쫓겨 사막으로 들어간 것으로 알려져 있습니다. 현재 남아 있는 많은 유동적 수렵채집민은 한번 정주를 하여 간단한 농경·목축을 했음에도 불구하고, 문명=국가에 내쫓겨 유동적 밴드로 '퇴행'한 것이 아닌가 합니다.

그렇다면 어떻게 하면 좋을까요. 마르크스는 『자본론』에서 화폐의 기원에 대해 실증적으로 확인하는 것은 불가능하다, 그것을 생각하기 위해서는 '추상력'이 필요하다고 쓰고 있습니다. 마찬가지로 씨족사회 이전의 유동적 수렵채집민사회가 어떠한 것이었는지는 실증적 문제가 아니라 '추상력'의 문제, 즉 사고실험의 문제입니다.

현존하는 표박적 밴드사회에서 어느 정도 씨족사회 이전의 모습을 추측할 수 있습니다. 관찰된 표박적 밴드는 일부 복혼(複婚)을 포함한 단혼(單婚)적 가족 몇 개가 모여서 만들어진 것입니다. 밴드의 응집성은 공동기탁이나 공식(共食)의례에 의해 확보됩니다. 하지만 밴드의 결합은 고정적이지 않으며 언제든지 나갈 수가 있습니다. 밴드는 대개 25-50명 정도의 소집단입니다. 그 수는 공동기탁(평등한 분배)이 가능한 정도 이상으로 증대되지 않고, 또 공동의 수렵이 가능한 정도 이하로도 감소하지 않습니다. 또 밴드가 고정적이지 않을 뿐만 아니라 가족의 결합도 고정적이지 않습니다. 남편이나 아내가 동거생활을 이탈하면 부부는 해소된 것으로 간주됩니다. 가족 간 결합은 원래 불안정합니다. 그러므로 친족조직은 미발달한 상태이며, 또 밴드를 넘어서는 상위의 집단을 가지고 있지 않습니다.

이로부터 역사적으로 유동적인 수렵채집민사회가 어떠한 것이었는지가 추측 가능합니다. 첫째로, 여기서는 모스가 말하는 호수제의 원리, 교환양식A가 없습니다. 원래 이것은 모스 이전의 학자가 눈치를 챘던 것입니다. 그들은 호수적이지 않은 증여를 순수증여라 하여 구별했습니다. 예를 들어, 현재의 가정 가운데에서도 증여가 있습니다만, 그것을 호수교환이라고 말할 수 없습니다. 부모가 아이를 돌보는 것은 답례를 강제하기 위해서가 아닙니다. 그런데 모스는 부모가 아이를 보살피는 것도 순수증여가 아니라 호수라고 말합니다. 왜냐하면, 그것으로 부모가 기쁨을 얻기 때문이라는 것입니다.

그러므로 모스는 순수증여도 호수적 증여라고 생각했던 것입니다. 이에 반해 마샬 살린스[1]는 그것들을 준별하려고 했습니다. 그는 공동기탁(pooling)과 호수를 구별했습니다. 공동기탁은 세대 내부에서의 행위입니다. 그에 반해 호수적 교환은 세대와 세대 사이, 또는 공동체와 공동체 사이에서 존재하고 기능합니다. 즉 살린스는 호수를 작은 세대 가운데에 있는 원리가 아니라 세대 간을 넘어선 씨족공동체, 그리고 씨족공동체를 넘어선 연대를 만들어내는 원리라고 생각한 것입니다.

그렇게 보면, 유동민의 밴드사회에 공동기탁은 있지만 호수적 교환은 없다고 생각해야 합니다. 수렵채집으로 얻은 물건은 수렵에 참여하

    1_ Marshall Sahlins: 1930- . 미국의 문화인류학자. 주요저서로『석기시대의 경제학』(1974),『문화와 실천적 이성』(1976),『역사의 섬들』(1993) 등이 있다.

지 않은 자든 손님이든 모든 자에게 평등하게 재분배됩니다. 이것은 수렵채집사회가 유동적이라는 것과 분리할 수 없습니다. 그들은 끊임없이 이동하기 때문에 수확물을 비축할 수 없습니다. 그러므로 그것을 사유한다는 의미도 없기 때문에 전원이 균등하게 분배해버리는 것입니다. 이것은 '순수증여'이지 호수적이지 않습니다. 수확물을 축적하지 않는다는 것은 내일 일을 생각하지 않는 것이고, 또 어제 일을 기억하지 않는 것입니다. 따라서 증여와 답례라는 호수가 성립하는 것은 정주하고 축적하는 것이 가능하게 된 때부터라고 말할 수 있습니다.

하지만 살린스는 수렵채집민의 사회가 정주적인지 아닌지에 특별히 주의를 기울이지 않았습니다. 그가 관찰하고 있는 수렵채집민은 사실상 정주적입니다. 그러므로 그는 풀링(공동기탁)은 세대의 내부, 호수적 원리는 세대·공동체의 외부에 있다고 생각했던 것입니다. 하지만 호수적인 원리는 유동적인 수렵채집민밴드에는 존재하지 않습니다. 그것이 존재하는 것은 정주를 하고 축적이 가능하게 된 후입니다.

2. 정주의 곤란

 그렇다면 그들은 왜 정주를 했던 것일까요. 이것을 생각할 때, 우리는 한 가지 편견을 제거하지 않으면 안 됩니다. 그것은 인간이란 본래 정주를 하는 존재여서 조건만 주어진다면 정주를 하기 마련이라는 편견입니다. 사실 현재도 유목민을 정주시키는 일은 국가적인 강제로도 쉽지 않습니다. 수렵채집민의 경우는 말할 것도 없습니다.
 그들이 유동적 생활을 계속하는 것은 꼭 수렵채집의 대상 때문은 아닙니다. 예를 들어, 식량이 충분히 있다고 정주를 하는가 하면 그렇지도 않습니다. 그러므로 그들이 영장류 이래 지속되어온 유동적 밴드의 생활을 방기할 리가 없습니다. 그들이 정주를 싫어한 것은 정주가 다양한 곤란을 가져오기 때문입니다.
 그것은 첫째로, 밴드 안팎에서의 대인적 갈등과 대립입니다. 유동생활에서는 궁극적으로 사람들이 이동을 하면 됩니다. 인구가 증가하면, 바깥으로 나가는 게 가능합니다. 밴드사회는 그것을 허용할 정도로 비고정적입니다. 그런데 정주를 하면 그렇게 되지 않기 때문에, 갈등이나 대립을 어떻게든 처리하지 않으면 안 됩니다. 그래서 다수의 씨족이나 부족을 공동체로 통합하는 것, 그리고 성원을 고정적으로 구속하는 것이 필요하게 됩니다.

둘째로, 대인적 갈등은 그저 살아있는 자들 사이에만 있지 않습니다. 사자(死者)와의 사이에도 있습니다. 정주는 사자와의 관계를 곤란하게 합니다. 간단히 말해, 사람들은 태고부터 만물에 아니마(영혼)가 있다고 생각했습니다. 이것이 애니미즘입니다. 이에 따르면, 일반적으로 사자는 살아있는 자를 원망한다고 간주됩니다. 따라서 매장이라는 습관은 태고부터 있었습니다. 단 유동생활에서는 사자를 매장하고 떠나면 됐습니다. 하지만 정주를 하면, 사자 옆에서 공존하지 않으면 안 됩니다. 그것이 사자에의 관념 및 죽음의 관념 그 자체를 바꾸었습니다. 정주한 공동체는 리니지(lineage)에 근거하고, 사자를 선조신으로 떠받드는 조직으로 재편성됩니다. 이와 같은 공동체를 형성하는 원리가 호수교환입니다.

정주는 이제까지 칸스턴트(constant)한 이동에 의해 피할 수 있었던 곤란들과 직면하게 합니다. 그렇다면 왜 수렵채집민은 애써 정주를 하게 된 것일까요. 그것은 근본적으로 기후변동 때문이라고 생각합니다. 인류는 빙하기 동안 열대에서 중위도지대로 진출했고, 수만 년 전인 후기구석기시대에는 고위도의 한대까지 퍼졌습니다. 이것은 대형짐승수렵을 중심으로 한 것입니다. 하지만 빙하기 이후 온난화와 함께 중위도의 온대지역에 산림화가 진행되었고 대형짐승이 사라지고 채집에서는 계절적인 변동이 커지게 되었습니다. 그때 사람들이 눈을 돌린 것이 어업입니다. 어업은 수렵과 다르게 간단히 들고 다닐 수 없는 어구를 필요로 합니다. 그러므로 정주할 수밖에 없었습니다. 아마 최초의 정주지는 하구였을 것입니다.

어업을 위해 정주를 한 사회는 현대에서도 다수 관찰되고 있습니다.

예를 들어, 북미 캘리포니아와 극동 시베리아에서 일본의 홋카이도에 걸친 일대에는 정주하여 어업으로 생활하는 선주민(先住民)이 발견됩니다. 인류학자 테스타[1]는 그들이 물고기를 훈제하여 비축하는 기술을 가졌다는 점을 중시했습니다. 그로부터 '불평등'이 시작되었다는 것입니다. 하지만 비축을 가능하게 한 것은 훈제기술만이 아닙니다. 좀 더 근본적으로 정주 그 자체입니다. 훈제한 것을 비축할 수 있었던 것은 정주를 하고 있었기 때문입니다. 그리고 정주와 함께 '불평등'이 시작되었습니다.

정주는 사람들이 의도하지 않았던 결과를 가져옵니다. 예를 들어, 간단한 재배나 사육은 정주와 함께 거의 자연발생적으로 생겼습니다. 재배에 관해 말하자면, 인간이 일정한 공간에 거주하는 것 자체가 주변의 원시림을 식료가 되는 종자를 포함하는 식생(식물생태)으로 바꾸기 때문입니다. 또 정주에 의해 재배가 시작되는 것처럼 정주에 의해 동물의 사육이 생겨납니다. 예를 들어, 지면에 구멍을 파거나 울타리를 만드는 것만으로 어떤 종류의 동물을 사육할 수 있습니다. 일반적으로 농경을 위해 정주를 하게 되었다고 이야기되지만, 실은 정주야말로 농경·목축을 앞서고 있습니다.

정주는 비축을 초래하며, 그것은 다시 불평등이나 전쟁을 초래할 가능성이 있었습니다. 하지만 중요한 것은 이때 동시에 끊임없이 발생하는 부의 불평등이나 권력의 격차를 해소하는 시스템이 창출되었다는 점입니다. 그것이 호수적 시스템입니다. 그것은 증여교환을 강제하는 원리입니다. 예를 들어, 혼인관계도 그 안에 포함됩니다. 혼인은

---

[1] Alain Testart: 1945- . 프랑스 인류학자. 콜레쥬 드 프랑스 사회인류학연구소 소장. 주요저서로 『화폐의 기원』(2001), 『자발적 복종』(2004) 등이 있다.

딸 내지 아들을 증여하고 후에 그 답례를 받는 형태로 이루어집니다. 이것이 씨족사회의 복잡한 친족구조를 만듭니다. 그와 같은 증여에 의해 다수의 세대, 씨족, 부족이 결합되고 통합됩니다. 즉 그 통합은 혈연의 힘이 아니라 호수제, 즉 증여의 힘에 의한 것입니다.

호수시스템은 정주화가 불가피하게 가져온 부의 격차나 권력의 집중을 억제하는, 한마디로 말해 국가의 형성을 억제하는 것입니다. 하지만 여기서 다음과 같은 점을 부가하고자 합니다. 호수원리는 평등을 실현하지만, 유동적 사회에 있던 자유를 부정합니다. 그것은 개인을 공동체에 단단히 결부시킵니다. 유동민사회에서는 자유롭기 때문에 평등했습니다. 하지만 씨족사회에서는 평등하기 때문에 자유가 희생됩니다.

앞서 나는 마르크스가 원시공산제를 씨족사회에서 발견한 것에 의문을 표했습니다. 마르크스가 그처럼 생각한 것은 유동적인 수렵채집민사회와 정주한 후의 그것을 구별하지 않았기 때문입니다. 왜냐하면, 그는 그것들을 '생산양식'이라는 관점에서 보았기 때문입니다. 즉 유동적이든 정주적이든 그것들은 생산수단이나 생산물이 공유되고 있다는 점에서 차이가 없기 때문입니다. 같은 것이 마샬 살린스에게도 해당됩니다.

살린스는 수렵채집사회가 '풍요로운 사회'라는 것을 보여주었습니다. 이것은 획기적인 인식입니다. 하지만 앞서 서술한 것처럼 그는 수렵채집민이 유동적인가 정주적인가 하는 차이에 관심을 가지지 않았습니다. 그는 풀링(공동기탁)과 호수성을 구별했습니다. 그러면서 후자가 정주를 통해 비로소 생긴다는 점을 고려하지 않았습니다. 그것은 그가 마르크스주의자로서 '생산양식'이라는 관점에서 보고 있었기 때문입니다. 실제 그는 '가족적(domestic) 생산양식'이라는 개념을 제출하고, 그것을 통해 수렵채집사회를 설명하려고 했습니다. 그는 이것이 과소생산(underproduction)이라는 특징을 가진다고 말합니다. 하지만 그것은 호수교환에 의해 설명할 수 있는 것입니다. 잉여생산물을 축적하지 않고 타자에게 증여하기 때문에 필연적으로 과소생산이 되는 것입니다. 그것과 호수원리가 없는 유동적 밴드사회는 닮았지만 다른 것입니다. 하지만 살린스는 그런 차이에 관심이 없었습니다.

한편 모스는 호수성을 미개사회 일반에 있는 것으로 보고 있습니다. 하지만 호수성(교환양식A)은 처음부터 있었던 것이 아니라 정주한 후에 시작되었다는 것이 내 생각입니다. 근친상간 금지도 그 시점에서 시작되었습니다. 그것은 증여를 강제하는 것입니다. 나는 이와 같은 변화를 '정주혁명'이라고 부릅니다. 정주혁명이라는 말을 처음 사용한 것은 니시다 마사키[2]입니다만, 나는 그것과 조금 다른 의미로 사용합니다. 정주혁명이 의미하는 것은 호수성원리가 정주 후의 곤란을 해결하기 위해 시작되었다는 것입니다.

......

2_ 西田正規: 1944- . 일본의 자연인류학자. 쓰쿠바(筑波)대학 교수. 주요저서로 『인류사 안의 정주혁명』, 『인간성의 기원과 진화』(공저) 외에 「가족사회의 진화와 평화력」 등의 논문이 있다.

3. 정주 혁명

 선사시대에 대해 사고할 때, 우리는 한 가지 통념을 의심해야 합니다. 그것은 고든 차일드[1]가 주장한 농경과 목축에 근거하는 신석기혁명이라는 개념으로 대표됩니다. 즉 농업·목축이 시작되고 사람들이 정주하고, 생산력의 확대와 더불어 도시가 발전하고, 계급적 분해가 생기고 국가가 탄생했다는 견해입니다. 여기서 우선 의심스러운 것은 농업에 의해 정주를 하게 되었다는 견해입니다. 왜냐하면, 앞서 서술한 것처럼 정주는 그 이전부터 생겨났기 때문입니다. 또 그들 대부분은 간단한 재배나 사육을 행하고 있었습니다. 하지만 그렇게 하기 위해

1_ Vere Gordon Childe: 1892-1957. 호주 출신의 고고학자이자 문헌학자. '신석기혁명'과 '도시혁명' 등의 개념을 도입하여 인류사의 전개과정에 대한 매우 독창적 해석을 제시했다. 적극적인 사회주의자로 마르크스의 사회경제이론을 받아들였고, 마르크스주의 고고학과 자신의 문화사적 고고학의 시점을 결합시켰다. 주요저서로 『유럽 문명의 여명』, 『선사시대의 다뉴브 지역』, 『신석기혁명과 도시혁명(원제: *MAN MAKES HIMSELF*)』(김성태 외 옮김, 주류성), 『인류사의 사건들』(고일홍 옮김, 한길사) 등이 있다.

정주를 했던 것은 아닙니다. 재배나 사육은 그들이 정주한 결과, 자연스럽게 생겨난 것입니다.

그러므로 농업에 앞서 정주가 획기적인 변화를 가져왔던 것입니다. 하지만 간단한 재배나 사육, 그리고 비축을 시작한 것이 획기적인 것은 아닙니다. 획기적인 것은 그로부터 생겨난 불평등, 계급분해, 국가형성의 가능성이 있었음에도 불구하고, 그것을 억제하는 시스템을 만들어냈다는 점입니다. 이 원리가 호수성이었습니다. 따라서 농경·목축과 국가사회의 출현을 '신석기혁명'이라고 부른다면, 우리는 호수원리를 '정주혁명'이라고 불러도 좋을 것입니다.

일반적으로 씨족사회는 국가형성의 전 단계로 간주됩니다. 하지만 오히려 그것은 정주화에서 국가사회로의 길을 회피하는 최초의 시도로 보아야 합니다. 그런 의미에서 씨족사회는 '미개사회'가 아니라 고도의 사회시스템이라고 말해야 합니다. 그것은 우리에게 어떤 가능성, 즉 국가를 넘어서는 길을 열어 보여주는 것입니다.

예를 들어, 씨족사회라고 하면 작은 것이라고 생각합니다. 하지만 그렇지 않습니다. 큰 것도 있습니다. 예를 들어, 북아메리카의 이로쿼이족[2]의 연합체는 현재의 캐나다에서 플로리다 근처까지 있었습니다.

* * * *

2_ Iroquois. 북아메리카 동부 삼림지대에 거주하는 아메리카 인디언. 이 지방 종족 가운데에서 가장 조직화되고 광대한 지역을 지배하였다. 한때 세력 범위가 허드슨만에서 캐롤라이나강, 코네티컷강에서 미시시피강까지 미쳤다. 사회구성은 씨족, 포족(胞族), 부족이라는 정비된 조직을 가지고 있었고 수렵, 어로 외에 옥수수·고구마·콩 등의 재배로 정착농업을 행했다. 각 부족 사회·경제생활의 최소단위는 개개의 확대가족으로, 이것을 기초로 한 모계씨족 50~150명으로 이루어졌다. 씨족 내의 일을 지휘하는 사람은 나이 든 여성이었다. 하나나 몇 개의 확대가족이 목조로 된 기다란 집에 살며 모처혼제(母處婚制), 모계외혼(母系外婚), 토템씨족제가 행해졌다. 일군의 모계 씨족이 모여 모이어티(반쪽이라는 뜻)를

또 수도와 같은 것이 있었고, 그곳에서 의회가 열렸습니다. 아메리카합중국연방은 직접적·간접적으로 그것에 근거하고 있다 하겠습니다. 직접적으로라는 말은 아메리카합중국을 형성한 사람들이 영향을 받은 몽테스키외 등 프랑스사상가들이 이미 아메리카원주민의 고찰에 근거하여 사고했기 때문입니다.

이로쿼이족의 연합체와 같은 세계시스템은 세계제국이나 근대세계사시스템과는 달랐습니다. 그것은 증여의 호수제, 교환양식A에 근거하는 세계시스템입니다. 그것은 '미개'한 것이 아닙니다. 오히려 우리가 앞으로 참조해야 하는 것입니다.

예를 들어, 현재의 유엔은 국가들의 연방이지만, 실제로는 미국과 같은 강국이 지배하고 있습니다. 즉 유엔이 근거하는 원리는 교환양식B입니다. 그런데 유엔의 이념을 가져온 것은 칸트라고 이야기됩니다. 확실히 그러합니다만, 칸트가 말하는 '세계공화국'은 세계제국이나 세계정부와 같은 것일 수 없습니다. 그것은 교환양식으로 말하면, B나 C가 아니라 D, 즉 증여의 호수A를 고차원적으로 회복하는 것에 의해서만 가능합니다.

・・・・ 이루고, 이 모계 모이어티 두 개가 합쳐 한 부족을 구성한다. 모이어티는 정치적 기능은 가지지 않으며 경제적·사회적 기능만을 가진다.
　부족은 공통적 영역을 가지는 정치적 단위인데 이 부족을 구성하는 여러 씨족의 대표자, 즉 남자 추장들이 모여 회의를 열어 중대한 일을 결정한다. 부족은 자립성을 가지는데, 여러 부족이 공통적인 이해를 가지는 전쟁 등과 같은 문제를 결정하기 위해서 5부족이 합동하여 이로쿼이 연맹을 조직하고 있다. 이 연맹은 각 부족의 추장 50명으로 이루어진 대추장회의에 의해 운영된다. 현재는 근대화하여 정착농업이나 노동자로 생계를 유지하고 있다.

4. 호수제의 기원

　마지막으로 중요한 문제가 있습니다. 그것은 왜 어떻게 국가로의 이행을 방해하는 것으로서 씨족사회가 출현했는지, 바꿔 말해 호수제의 원리가 출현했는지 하는 문제입니다. 말할 것도 없이 그것은 상담을 해서 결정한 것이 아닙니다. 그와 같은 시스템은 그들 자신이 그것을 원했기 때문이 아니라, 말하자면 신의 명령으로서 해온 것입니다.

　이 문제와 관련하여 시사적인 것은 『토템과 터부』(1912)[1]입니다. 프로이트가 생각한 것은 미개사회에서의 '형제동맹'이 어떻게 형성되고 유지되었는가 하는 문제였습니다. 즉 그의 관심은 부족사회에서 씨족의 평등성·독립성이 어떻게 획득되었는지에 있었습니다.

　프로이트는 그 원인을 자식들에 의한 '원부(原父)살해'라는 사건에서 발견하려고 했습니다. 말할 것도 없이 이것은 오이디푸스콤플렉스라는 정신분석의 개념을 인류사에 적용하는 것입니다. 하지만 태고에 원부가 있었다는 견해는 프로이트의 독창적인 것이 아니라 당시 학자

---

[1]　프로이트, 『토템과 터부』, 이윤기 옮김, 『종교의 기원』, 열린책들, 2003.

들의 토템에 관한 의견에 근거하고 있었습니다. 그들은 고릴라사회의 수컷으로부터 '원부'를 생각했던 것입니다. 물론 이와 같은 이론은 오늘날의 인류학자들에 의해 전면적으로 배척당하고 있습니다.

태고에 '원부'와 같은 것은 존재하지 않았습니다. 그와 같은 원부는 전제적인 왕권국가가 성립한 후에 왕이나 가부장의 모습을 씨족사회 이전에 투사한 것이라고 해야 합니다. 하지만 그렇게 말함으로써 프로이트의 '원부살해' 및 반복적 의식이라는 견해가 가진 의의가 사라지는 것은 아닙니다. 프로이트는 씨족사회의 '형제동맹'적 시스템이 왜 어떻게 강고히 유지되고 있는가를 물은 것이기 때문입니다. 프로이트를 부정하는 사람은 그 물음에 답하지 않으면 안 됩니다. 미개사회에는 호수제가 존재한다고 말해도 소용없습니다. 왜 호수제가 생겨났는가, 왜 그것이 인간을 구속하는가 하는 물음에 답하지 않으면 안 됩니다.

물론 유동적 밴드사회에 '원부'와 같은 것은 존재하지 않았습니다. 밴드의 경우 가족의 결합은 취약했습니다. 그런 의미에서 프로이트가 의거한 이론은 잘못되었습니다. 하지만 이렇게 생각하면 좋습니다. 정주화와 더불어 계급과 국가가 생길 가능성, 즉 국가=원부가 형성될 가능성이 있었습니다. 토테미즘은 말하자면 다시 '원부살해'를 행하는 것입니다. 그리고 그것을 반복하는 것입니다. 이런 의미에서 원부살해는 경험적으로 존재하지 않음에도 불구하고, 호수성에 의해 만들어지는 구조를 뒷받침하고 있는 '원인'입니다.

프로이트는 미개사회의 시스템을 '억압된 것의 회귀'로서 설명했습니다. 그가 생각하기에 한번 억압되고 망각된 것이 회귀해 올 때, 그것은 단순한 상기가 아니라 강박적인 것이 됩니다. 씨족사회에 관한 프로이트의 이론에서 회귀하는 것은 살해된 '원부'입니다. 하지만 우리의 생각으로는 '억압된 것의 회귀'로서 돌아오는 것은 정주에 의해 상실한 유동성, 또는 유동성이 가져온 평등성입니다. 그것은 호수성원리가 왜 강박적으로 사람들에게 작동하는지를 설명합니다.

나는 앞서 교환양식D에 대해 그것이 생겨나는 것은 인간이 바라기 때문이 아니다, 그것은 인간의 바람과 의지를 넘어서 출현하는 것이라고 서술했습니다. 그것은 말하자면 신의 명령으로서 나타납니다. 이 점에 대해 프로이트가 만년에 행한 작업인『모세와 일신교』(1938)[2]는 매우 시사적입니다. 프로이트는 모세와 그 신은 한번 살해당한 후 '억압된 것의 회귀'로서 출현했다고 주장했습니다. 하지만 프로이트는 『토템과 터부』를 쓴 시점에서 이미 이런 것을 사고하고 있었다고 생각합니다.

프로이트의 학설은 성서학자들 사이에서 문제시되지 않았습니다. 왜냐하면, 모세가 유대인을 데리고 이집트에서 탈출했다는 이야기는 신화에 지나지 않았기 때문이었습니다. 하지만 모세의 가르침이 사막의 유목민이었을 때처럼 살라는 가르침이었다고 하면, 모세가 살해당했다는 프로이트의 가설은 타당합니다. 왜냐하면, 가나안(팔레스티나) 땅에 정주한 이후, 사람들은 사막시대의 신을 버리고 농경신(바알)을 믿었고, 또 솔로몬왕조와 같은 전제국가에 이르렀기 때문입니다.

거기에 모세와 그 신이 도래했습니다. '억압된 것의 회귀'로서 말입니다. 따라서 그것은 공동체의 전통이나 사제에 반(反)하여 예언자를 통한 신의 말로서, 즉 강박적인 것으로서 도래한 것입니다. 예언자는 '유목민시대로 돌아가라'는 것이 아닙니다. 예언자가 명하는 것은 말하자면 유목민시대의 윤리를 '고차원적으로 회복하라는 것'입니다.

이제 우리는 특별히 신을 들고 올 필요는 없습니다. 하지만 유동민적

•••• 2_ 프로이트,『모세와 유일신교』, 위의 책에 수록됨, 열린책들, 2003.

인 존재방식의 회귀가 인간의 의지나 바람을 넘어선 것이라는 점을 알아야 합니다. 마르크스는 공산주의란 씨족사회를 '고차원적으로 회복하는' 것이라고 말했습니다. 그것은 어떤 의미에서 씨족사회를 부정하는 것입니다. 왜냐하면, 씨족사회를 저차원적으로 회복하면 그것은 보수적인 공동체나 낭만주의적 내셔널리즘이 되고 말 것이기 때문입니다. 따라서 씨족사회를 '고차원적으로 회복하는' 것은 그것을 한번 부정함으로써만 가능합니다.

  씨족사회 그 자체는 자유가 아닙니다. 그것은 엄격하게 개인을 구속하는 것입니다. 하지만 씨족사회를 통제하는 호수제원리에는 어떤 의미에서 정주 이전의 유동적 사회에 존재한 평등주의적 원리가 기입되어 있습니다. 즉 씨족사회의 호수제에는 유동적인 사회에 존재한 것이 회귀하고 있습니다. 그것이 계급사회나 국가에 이르는 것을 거부하는 것입니다. 유동적 사회는 그처럼 아무리 억압을 받아도 회귀해 왔습니다. 그것은 국가사회나 자본주의사회 안에서도 회귀해 왔습니다. 인간이 잊으려고 해도, 또 실제로 잊어도 공산주의는 인간의 의지에 반하여 회귀해오는 것입니다.

5. 유동성의 두 가지 타입

 덧붙여 정주 이전의 수렵채집민에 대해 주의하고 싶은 것이 있습니다. 그들은 유동적이었습니다. 일견 유목민(nomad)이 그것과 유사한 것처럼 보입니다. 하지만 다릅니다. 이 차이를 분명히 해둘 필요가 있습니다. 유목은 정주에서 시작된 것입니다. 즉 정주에 의해 재배·사육이 자연스럽게 시작되며, 그리고 그것들이 농경·목축으로 발전한 것입니다.
 일반적으로 농업혁명이 일어나고, 그 후에 도시나 국가가 형성된다고 생각됩니다. 하지만 제인 제이콥스[1]는 반대로 농업은 '원(原)도시'에서 시작되었다고 말합니다. '원도시'는 공동체와 공동체가 교역을 하는 장(場)으로서 시작되었고, 다양한 정보가 그곳에서 교환, 집적되었으며, 농경·목축은 그 결과로서 생겨났다는 것입니다. 나는 이 가설

1_ Jane Jacobs: 1916-2006. 미국의 논픽션 작가이자 저널리스트. 교외 도시개발 등을 논하고, 도심의 황폐를 고발한 운동가. 대표작으로 『미국 대도시의 죽음과 삶』(유강은 옮김, 그린비, 2010), 『도시의 경제학』, 『도시와 국가의 부』(서은경 옮김, 나남, 2004), 『생존시스템』 등이 있다.

을 지지합니다.

농업이 발전하여 도시가 된 것이 아니라, 역으로 농업은 원도시에서 발명되고, 그 배후지로 확대되었습니다. 이렇게 생각하면, 목축의 기원에 대한 수수께끼를 풀 수 있습니다. 우메사오 다다오[2]는 목축이 사육의 발전으로서 생겨났다는 사고를 비판했습니다. 목축의 대상인 양 등은 무리로 사는 동물이고 목축이란 그들을 무리인 채로 장악하는 것입니다. 따라서 그것은 농경과 다르게 초원에서 발생한 것이라고 우메사오는 말합니다. 하지만 농경기술과 마찬가지로 목축기술도 다양한 정보가 교환, 축적되는 원도시에서 발명되었다고 생각해야 합니다.

이와 같이 농경과 목축은 '원도시'에서 출현했습니다. 더불어 이때 그것들의 분화, 바꿔 말해 농경민과 유목민의 분화가 생겼습니다. 유목민(nomad)는 원도시를 나와서 유동하게 됩니다. 그들은 어떤 의미에서 유동적 수렵채집민에 있었던 유동성을 회복했다고 말할 수 있습니다. 하지만 그들은 수렵채집민과는 이질적입니다. 유목은 농경과 마찬가지로 정주생활 가운데에서 개발된 기술이고, 또 유목민은 농경민과 분업관계에 있습니다. 그들은 농경민과 교역을 할 뿐만 아니라, 상인으로서 공동체 사이의 교역을 담당하게 됩니다. 이런 의미에서 유목민은 교환양식C를 발전시켰습니다.

다른 측면에서 유목민은 종종 결속하여 농경민사회를 정복하고

2_ 梅棹忠夫: 1920-2010. 일본의 생태학자, 민족학자. 일본 문화인류학의 선구자이고, 우메사오 문명학으로 칭해지는 유니크한 문명론을 전개하여 다방면에 많은 영향을 끼쳤다. 이마니시 긴지(今西錦司) 문하의 한 사람으로 생태학에서 출발하여 동물사회학을 거쳐 민족학(문화인류학), 비교문명론으로 연구의 중심을 옮겼다.

종속시켰습니다. 이때 국가를 형성하는 원리는 단순히 폭력은 아닙니다. 그것은 복종하면 보호한다는 형태의 교환입니다. 즉 교환양식B입니다. 이것에 대해 조금 설명해 보겠습니다. 통상 국가는 농경공동체나 도시 내부의 계급분열에서 생긴다고 설명되어 왔지만, 내부만으로는 기껏해야 수장제국가밖에 되지 않습니다. 호수제(교환양식A)의 원리가 강하기 때문에 절대적인 지배자가 출현할 수 없습니다. 즉 교환양식B가 되지 않습니다. 그러므로 국가가 성립하기 위해서는 외부로부터의 정복이라는 계기가 불가결합니다.

물론 모든 국가가 정복에 의해 형성되는 것은 아니며, 또 항상 정복이 유목민에 의해 이루어지는 것도 아닙니다. 그것이 없는 경우도 유목민에 대한 방위, 또는 다른 국가의 침입에 대한 방위라는 동기가 수장제사회를 국가로 변용시키는 것입니다. 수장제사회에서도 수장은 전쟁에서 절대적인 통수권을 얻습니다. 따라서 항상적으로 전쟁의 위기가 있으면, 수장은 항상적으로 권력을 가진 왕이 됩니다. 즉 국가가 성립합니다. 이와 같은 의미에서 유목민이 직접적이든 간접적이든 국가를 성립시켰다고 말할 수 있습니다. 이처럼 노마드는 교환양식B와 C의 발전을 떠맡았다고 말할 수 있습니다.

들뢰즈와 가타리는 『천개의 고원』(1980)에서 노마드에 대해 논했습니다. 그리고 라이프니츠의 모나돌로지를 비틀어 그것을 노마돌로지라고 불렀습니다. 들뢰즈 등은 국가에 대항하는 전쟁기계라는 개념을 도입했습니다. 이것은 국가 바깥에 있는 유목민이라는 이미지에 근거한 것입니다. 그런데 이 노마돌로지는 정주성이나 그것에 수반되는 영토성이나 규범을 넘어서는 것이지만, 국가와 자본을 넘어서는 원리는 아닙니다. 그러기는커녕 국가나 자본을 비약적으로 발전시키는 원리입니다. 예를 들어, 전쟁기계로서의 유목민은 국가를 파괴하지만, 보다 거대한 국가(제국)를 만들어냅니다. 자본도 마찬가지입니다. 예를 들어, 금융자본은 탈영토적이며 영토화된 국가적 경제를 파괴합니다.

미소의 냉전체제가 흔들리기 시작한 1970년대 이후 노마돌로지는 탈영토적·탈구축적인 운동으로서 이 냉전구조를 해체하는 원리로 간주되었습니다. 하지만 소련이 붕괴하고 자본주의의 글로벌리제이션이 생겨난 90년대 이후 그것은 '자본의 제국' 또는 신자유주의를 정당화하는 이데올로기로 바뀌었습니다. 그것은 당연합니다. 정주 후에 생겨난 유목민의 유동성은 정주 이전에 있었던 유동성과는 이질적이고 교환양식B와 C, 즉 국가와 자본의 확장과 연결되는 것이기 때문입니다.

국가와 자본을 움직이고 있는 이와 같은 유동성에 대항하는 원리는 정주 이전의 유동성에 있습니다. 우리는 그것을 실증할 수 없으며, 따라서 제시할 수 없습니다. 하지만 그것은 항상 작동하고 있는 것처럼 생각됩니다. 처음에 유동민이 정주를 했을 때, 격차의 발생을 피하기 힘들었는데, 그 가운데에서 유동단계에 있었던 평등성을 회복하려고 했습니다. 그것이 교환양식A입니다. 하지만 교환양식A는 개개인을 강하게 구속합니다. 그런 의미에서 유동성의 금지입니다.

현재의 자본=네이션=국가는 교환양식A·B·C의 접합체입니다. 그것을 넘어서는 원리인 교환양식D란 교환양식A를 '고차원적으로' 회복하는 것입니다. 교환양식A 자체가 유동민에게 있었던 것을 회복하는 것이었습니다. 하지만 그것은 유동성을 금지함으로써 이루어졌습니다. 그러므로 교환양식D는 어떤 의미에서 A를 부정하면서 A를 회복하는 것이 됩니다. 교환양식D가 A를 '고차원'적으로 회복한다는 것은 이런 의미입니다. 마지막으로 확인하지만, '회복'이라는 것을 우리의 희망이나 의지에 근거한다고 생각해서는 안 됩니다. 즉 우리가 그것을 쾌복(快復)³하는 것은 그렇게 바라기 때문이 아닙니다. 그렇게 하지 않으면 안 되기 때문에 그렇게 하는 것입니다.*

•••• 3_ 병이나 상처가 나아 건강이 완전히 회복되는 것을 말함.
　　* 이 글은 2012년 10월 26일 중국 중앙민족대학에서 행한 강연의 초고다(저자).

V. 『세계사의 구조』 안의 중국

1. 세계사의 구조

나는 작년『세계사의 구조』를 출판했습니다만, 그 후 이 책에서 충분히 쓰지 못했다고 생각하는 몇 가지 문제에 대하여 줄곧 검토를 해왔습니다. 그중 하나가 그리스와 그리스철학의 문제인데, 이것은 「철학의 기원」이라는 논문으로 썼습니다. 다른 하나는 세계제국의 문제입니다. 왕후이¹ 씨와 공동강연을 의뢰받았을 때, 나는 즉석에서 승낙했는데, 그것은 이 기회에 세계제국의 문제를 재고하자고 생각했기 때문입니다. 그리고 나는 최근 번역된 왕후이 씨의 저작, 특히『세계사 안의 중국』²에 응답을 하고 싶었습니다. 강연의 타이틀을

  1_ 汪暉: 1959- . 중국의 사상가. 중국사회과학원 문학연구소 연구원, 하버드대 방문교수 등을 거쳐, 현재 칭화대 인문학부 교수이자 인문사회고등연구소 소장으로 있다.『독서(讀書)』의 주필로 10여년 있으면서 이 잡지를 중국 지식계에서 가장 영향력 있는 매체로 키워놓았다. 주요 저서로는『죽은 불 다시 살아나』(김택규 옮김, 삼인),『아시아는 세계다』(송인재 옮김, 글항아리),『탈정치화의 정치: 짧은 20세기의 종결과 90년대』,『절망에 반항하다』등이 있다.
  2_ 이 책에 실린 티베트, 류큐(琉球)에 관한 글은 국내에 번역된『아시아는

「『세계사의 구조』 안의 중국」이라고 한 것은 그 때문입니다.

본론에 들어가기 전에 『세계사의 구조』라는 책의 내용을 간단히 설명하고 싶습니다. 이 책에서 나는 사회구성체의 역사를 교환양식에서 다시 보는 작업을 했습니다. 그것은 생산양식에서 사회구성체의 역사를 보려고 했던 마르크스의 시도를 비판적으로 이어받는 것입니다. 생산양식이란 구체적으로 누가 생산수단을 가지느냐 하는 것입니다. 마르크스가 생각하기에 그것이 경제적 토대(하부구조)이고 국가나 네이션, 종교와 같은 것은 그것에 의해 규정되는 관념적인 상부구조라는 것입니다. 하지만 이와 같은 견해에는 결함이 있습니다. 예를 들어, 국가나 네이션은 정치적인 상부구조이기 때문에 경제적 토대(하부구조)의 모순을 해결하면, 국가도 민족도 모두 해소된다고 생각하게 됩니다. 그 때문에 국가에 대해서도 민족에 대해서도 충분히 사고하지 않았습니다. 그 결과 마르크스주의운동은 항상 이 문제에 걸려 넘어졌습니다.

이에 대한 반성에서 정치적 상부구조의 자율성이 강조되었습니다. 예를 들어, 표상이나 기호론, 정치학·사회학적인 관점이 도입되었습니다. 하지만 그와 더불어 경제적 하부구조가 무시되었습니다. 그런데 경제적 하부구조를 무시하면, 경제, 국가, 네이션, 종교 등의 구조적 연관을 파악할 수 없게 됩니다. 그것들은 단순히 개별적으로 고찰되고 병렬될 뿐입니다. 그것들의 총체를 구조적으로 파악하기 위해서는 말하자면 경제적 하부구조라는 시점이 불가결합니다. 다만 생산양식을 들고 오는 것은 불모의 반복이 됩니다. 그러므로 나는 경제적 하부구조를 '생산양식'으로서가 아니라 '교환양식'으로서 다시 파악하는

•••• 세계다』에도 수록되어 있다.

B 약탈과 재분배 (지배와 보호)	A 호수 (증여와 답례)
C 상품교환 (화폐와 상품)	D X

표1. 교환양식

것이 필요하다고 생각했습니다.

교환양식은 이하의 네 가지로 나뉩니다. A: 증여와 답례라는 호수교환. B: 약탈과 재분배, 또는 복종과 안도(安堵).[3] C: 상품교환. 그리고 D: A의 고차원적인 회복. (표1)

이들 교환양식 중에서 주목해야 하는 것은 B입니다. B는 일견 교환으로는 보이지 않습니다. 왜냐하면, 그것은 약탈 내지 폭력적 강제처럼 보이기 때문입니다. 하지만 약탈과 폭력적 강제를 지속적으로 행하려면, 지배자는 피지배자로부터 그저 빼앗을 뿐만 아니라 동시에 주기도 해야 합니다. 국가가 성립하는 것은 피지배자가 복종을 한다면, 지배자가 안녕을 줄 수 있다는 '교환'이 성립할 때입니다. 이것이 교환양식B 입니다.

이어서 사회구성체의 역사를 교환양식에서 봅니다. 어떤 사회구성체도 네 가지 교환양식의 접합으로 이루어져 있습니다. 다만 그것들 중 어떤 교환양식이 지배적인가에 의해 달라집니다. 예를 들어, 국가

3_ 이 단어는 일차적으로 ① '안심(安心)'이라는 단어와 유사한 의미를 가지고 있지만, 이 외에 ② '울타리 안의 토지에서 안심하고 생활하는 것'을 뜻하기도 하고, ③ '바쿠후나 영주로부터 토지의 소유권이나 영유권 등을 인정받는 것'을 가리키기도 한다.

B 국가	A 네이션
C 자본	D X

표2. 자본=네이션=국가의 구조

이전의 씨족사회에서는 교환양식A가 dominant(지배적)입니다. 현실에는 교환양식B나 C의 요소도 다소 존재하지만, 지배적인 A에 의해 억제되어 있는 것입니다. 한편 국가사회에서는 교환양식B가 지배적입니다. 물론 여기에도 교환양식A나 C가 존재합니다. 예를 들어, 농촌공동체가 존재하고, 도시에는 상공업이 있습니다. 다만 그것들은 전제국가 내지 봉건적 국가, 즉 교환양식B에 의해 통제되고 있습니다.

그리고 근대자본제사회에서는 교환양식C가 지배적이 됩니다. 하지만 기존의 교환양식A와 B는 존속합니다. 다만 변형된 형태로 존속합니다. 즉 봉건국가에서의 부역공납은 근대국가에서 병역과 과세로 변형되고, 해체된 농업공동체는 '상상의 공동체'로서 네이션으로 변형됩니다. 이렇게 자본=네이션=국가라는 연합체가 형성되게 됩니다. 이것이 현재의 사회구성체입니다. (표2)

이에 더하여 교환양식D가 있습니다. 이것은 A·B·C의 접합체를 넘어서는 것입니다. 하지만 A·B·C와 달리 이념적인 것입니다. 실재로서도 그것은 단기간밖에 존재하지 않습니다. 역사적으로 D는 세계제국의 단계에서 그에 대항하는 '보편종교'로서 출현했습니다.

이상은 사회구성체 일반에 대한 고찰입니다. 사실 이것은 내게 특별히 새로운 고찰이 아닙니다. 1990년대, 즉『트랜스크리틱』이라는 책에

B 세계=제국	A 미니세계시스템
C 세계=경제 (근대세계시스템)	D 세계공화국

표3. 세계시스템의 단계들

서 생각했던 것이기 때문입니다. 그런데 2000년대에 들어서서 나는 이렇게 생각하게 되었습니다. 이상과 같이 서술한 견해는 하나의 사회구성체만을 사고한 것이다. 하지만 사회구성체는 단독으로 존재하지 않는다. 그러므로 다른 사회구성체와의 관계를 전제하지 않으면 안 된다고 말입니다. 그렇지 않으면 예를 들어 국가에 대해 이해할 수 없게 됩니다.

국가는 반드시 다른 국가에 대하여 존재합니다. 따라서 국가를 그 내부만으로 볼 수는 없습니다. 또 국가를 지양한다고 할 때, 그것을 일국만으로 생각해도 소용없습니다. 다른 국가가 있다는 것을 고려해야 합니다. 예를 들어, 일국에서 혁명이 일어나도 곧바로 다른 국가가 개입을 해옵니다. 그에 대해 방위를 하려고 하면 스스로를 국가로서 강고히 만들지 않으면 안 됩니다. 러시아혁명의 과정은 그것을 여실히 보여주고 있습니다. 국가를 지양하려고 했음에도 불구하고 더할 나위 없이 강대한 국가권력이 확립된 것입니다. 그런데 이것은 국가를 일국만으로 생각하는 인식상의 결함에서 오는 것입니다.

반복하지만, 사회구성체는 단독으로 존재하는 것이 아닙니다. 그것은 처음부터 다른 사회구성체와의 관계에서, 바꿔 말해 세계시스템에서 존재합니다. 이와 같은 관점에서 보면, 사회구성체의 역사는 세계시

스템의 역사로 간주할 수 있습니다. (표3)

이것은 네 단계로 나눌 수 있습니다. 첫째로 미니시스템. 이것은 교환양식A(호수)에 의해 형성됩니다. 씨족연합체가 그 예입니다. 둘째로 세계=제국. 이것은 교환양식B, 즉 복종과 보호라는 교환에 의해 형성됩니다. 셋째로 세계=경제. 이것은 상품교환양식C에 의해 형성됩니다. 여기서는 일반적으로 세계=제국이 분해되어 다수의 국민국가가 형성됩니다. 즉 사회구성체는 자본=네이션=국가라는 형태를 취합니다. 이처럼 교환양식C가 지배적이 된 세계를 월러스틴은 '근대세계시스템'이라고 불렀습니다. 넷째로 이것을 넘어서는 새로운 시스템을 생각할 수 있습니다. 그것은 교환양식D에 의해 형성되는 세계시스템입니다. 내가 생각하기에 칸트가 세계공화국이라고 부른 것은 이것입니다. 크게 이야기하면, 『세계사의 구조』는 다수의 사회구성체를 포함하는 세계시스템의 변화가 어떻게 생겨났는지를 해명함과 더불어 그것이 앞으로 어떻게 새로운 세계시스템으로 이행할 수 있는지를 고찰하는 책입니다. 오늘 이야기할 것은 그중 일부입니다.

2. 세계=제국과 세계=경제

 여기서 우선 주의해야 할 것이 몇 가지 있습니다. 첫째로, 월러스틴은 세계=경제는 16세기에 세계시장과 함께 태어났다고 말합니다. 하지만 그의 스승인 브로델은 세계시스템이라는 개념을 받아들이면서도 이런 견해에 이의를 제기했습니다.[1] 그가 생각하기에 서유럽에는 신성로마제국을 제외하고 세계제국은 없었습니다. 서유럽에서 세계=경제가 발달한 것은, 그리고 복수의 주권국가가 등장한 것은 그 때문입니다.
 세계경제, 즉 시장경제에 근거한 사회체제를 세계=제국 이후에 생기는 발전단계로 이해해서는 안 됩니다. 세계=경제와 같은 것은 폴라니가 지적한 것처럼 고대그리스에도 있었습니다. 그 때문에 그리스에서는 교환양식B보다도 오히려 C에 근거하는 정치체제가 생겼습니다. 그러므로 그곳에서는 통일국가가 생기지 않았고 다수의 폴리스

1_ フェルナン・ブローデル, 『物質文明・経済・資本主義 15-18世紀 交換の働き』(1), 村上光彦譯, みすず書房, 1996[페르낭 브로델, 『물질문명과 자본주의』(2-1), 주경철 옮김, 까치, 1996].

가 항쟁하거나 연합하거나 하면서 존속했던 것입니다. 폴리스 안에서 아테네가 지배적이 되었지만, 그것은 결코 페르시아와 같은 세계제국이 되지는 않았습니다. 알렉산더대왕 이후의 헬레니즘제국은 그리스보다도 오히려 페르시아적 제국의 원리를 따르고 있습니다.

요컨대 세계=경제는 세계=제국 다음에 나온 것이 아닙니다. 세계=제국과 나란히 존재했던 것입니다. 이 차이는 교환양식에서 볼 때 명확합니다. 세계=제국은 중심, 주변, 아주변이라는 구조를 가지고 있습니다. 내가 생각하기에 세계=경제는 세계제국의 아주변에서 성립하는 것입니다. 페르시아제국에 대하여 그리스, 로마제국에 대하여 서유럽이 그러합니다.

일반적으로 세계제국으로부터 많은 국민국가가 분절되어 생겨났다고 생각되지만, 지금 말한 것처럼 서유럽에서는 그렇지 않았습니다. 거기서 생겨난 많은 주권국가는 제국에서 분리된 것이 아닙니다. 제국이 없었기 때문에 생겨난 것입니다. 확실히 유럽에서도 중앙 및 동부에는 신성로마제국(후에 오스트리아=헝가리제국)이 있었지만, 근대국가는 거기서 나오지 않았습니다. 그것이 다수의 민족국가, 주권국가로 분해된 것은 오히려 20세기에서입니다. 한편 유럽에서 주권국가가 처음 나온 것은 제국이 없었던 곳, 예를 들어 이탈리아의 도시국가, 프랑스, 영국, 스페인 등입니다. 그곳에서 세계=경제가 성립하자 주권국가가 서로 승인하고 싸우는 시스템이 생겨났습니다. 이후 그와 같은 자본주의국가가 유럽의 그것을 포함하여 세계각지의 세계제국을 침식하게 되었습니다.

서유럽에서 시작된 세계=경제, 혹은 세계자본주의가 지배적이 되면, 기존의 세계제국은 역으로 주변부에 놓이게 됩니다. 하지만 다음과 같은 점에 주의해야 합니다. 세계제국의 권외에 있었던 지역은 서양열강에 의해 간단히 식민지화되었지만, 세계제국은 그러지 않았다는 점입니다. 예를 들어, 청조나 오스만과 같은 세계제국은 열강에 의해 침식당하면서도 20세기까지 존속했습니다.

따라서 세계=경제가 지배적이 된 단계에서도 그 이전에 있었던 세계=제국의 중심, 주변, 아주변을 구별해서 보지 않으면 안 됩니다. 예를 들어, 일본은 중국이라는 세계제국의 아주변에 해당됩니다. 주변의 조선, 베트남이 중국의 국가시스템을 전면적으로 받아들였던 것에 반해, 아주변인 일본은 그렇지 않았습니다. 그 때문에 새로운 세계=경제에 적응할 수 있었습니다. 식민지화를 면했을 뿐만 아니라, 스스로 서양열강과 나란히 하는 제국주의국가가 되었습니다.

여기서 서유럽의 18세기 이후의 우월함에 의해 만들어진 몇 가지 편견을 정정하고 싶습니다. 하나는 세계제국이 가난했고 문화적으로도 뒤쳐져 있었다는 것입니다. 하지만 조셉 니담은 중국의 과학기술이 18세기까지 서양보다 우월했다고 말합니다. 또 『리오리엔트』[2]의 저자 안드레 군더 프랑크는 중국경제가 18세기에는 유럽을 능가하고 있었다고 말합니다. 그것은 세계제국이 생기면, 대규모의 교역과 함께 산업과 도시가 발전하기 때문입니다. 바꿔 말해, 교환양식B의 확장은 교환양식C의 확장을 가져옵니다. 그렇지만 그것은 제국의 지배를 넘어서는 것은 아닙니다. 즉 아무리 교환양식C가 발달해도 그것은 B의 밑에 있었습니다. 궁극적으로 국가가 관리했다는 이야기입니다. 그러므로 그것은 근대세계시스템으로 바뀌지 않았던 것입니다.

두 번째 편견은 서유럽에는 중세에 제국이 있었는데, 그것이 근대화와 함께 여러 국가들로 분리되었다는 견해입니다. 여기서 다른 지역에

2_ 안드레 군더 프랑크, 『리오리엔트』, 이희재 옮김, 이산, 2003.

있는 세계제국도 마찬가지로 다수의 민족국가(국민국가)로 분할되는 것이 당연하다는 견해가 도출됩니다. 하지만 앞서 말한 것처럼 서유럽에서는 원래 제국이 성립하지 않았습니다. 한편 세계제국이 있는 지역에서는 민족국가로의 분해가 용이하게 진행되지 않습니다. 유럽 가운데에서도 오스트리아=헝가리제국(합스부르크왕조)은 20세기까지 남아 있었습니다.

제1차 대전 후 '민족자결'이라는 것이 주창되었습니다. 이에 따르면, 기존의 세계제국은 분해되어야 한다는 것입니다. 실제 오스만-투르크는 그렇게 되었습니다. 그 결과 아라비아국가가 독립하여 현재에 이르고 있습니다. 인도의 무굴제국의 경우, 영국의 간섭에 의해 이슬람파와 힌두파의 대립이 부추겨졌고, 이후 양자는 영국의 통치로부터 독립하는 과정에서 분열되었습니다. 그것은 현재도 인도와 파키스탄 간의 심각한 대립으로 남아있습니다.

하지만 세계제국이 분해되지 않은 지역이 있습니다. 러시아, 유고슬라비아, 그리고 중국입니다. 유고는 다민족연방국가로 어떤 의미에서 헝가리제국을 계승하는 것입니다. 이 셋을 보면 바로 알 수 있는 것은 모두 마르크스주의자가 권력을 잡은 곳이라는 점입니다. 왜일까요. 마르크스주의자는 생산양식 즉 계급을 중시했기 때문에, 민족을 이차적인 상부구조에 지나지 않는다고 생각했습니다. 마르크스도 마르크스주의자도 서유럽의 경험에 근거하여 생각했기 때문에 거의 민족에 대해 생각하지 않았습니다. 예외는 오스트리아의 마르크스주의자 오토 바우어[3]입니다만, 그것은 그가 오스트리아=헝가리제국에서 살고

3_ Otto Bauer: 1881-1938. 오스트리아 빈에서 출생. 오스트리아사회민주당의 이론가로서 <노동자신문>과 『투쟁』의 편집에 관여하였다. 1904년 사회민주당 국회의원단 서기로서 일하였고, 제1차 세계대전에 종군하였다가

있었기 때문입니다. 하지만 그도 어디까지나 계급을 우위에 두고 있었습니다. 당시 러시아제국에 속한 폴란드에 있었던 로자 룩셈부르크[4]도 마찬가지였습니다.

러시아의 레닌은 '민족자결'을 주장했습니다만, 민족이 각각 독립한 국가가 되는 것에 반대했습니다. 그의 구상에서 다민족은 각각의 자율성을 가진 소비에트(평의회)로서 연방을 형성합니다. 하지만 그것은 혁명초기뿐으로 소비에트연방은 머지않아 집권적인 당=국가에 종속된 기관이 되었습니다. 동시에 민족의 자치도 이름뿐이 되었습니다. 이것이 스탈린주의적인 체제입니다. 한편 스탈린과 대립하여 소비에트연방과 같은 계획경제가 아니라 협동조합·시장경제에 근거한 독자적인 사회주의노선을 취한 것이 유고슬라비아의 티토[5]입니다.

- - - - 포로가 되어 러시아혁명을 체험하였다. 하지만 11월 혁명의 진보적 의의는 인정하면서도 그것이 선진국으로서의 본보기가 된다고는 생각하지 않았다.
1917년 귀국하여 외무장관으로서 독일-오스트리아합병을 주장하였고, 1934년까지 오스트리아 의회에서 일하는 한편, 사회민주당의 린츠강령(1926)을 기초하는 등 오스트리아 마르크스주의의 지도적 이론가로 활약하였다. 1934년 2월 사건을 계기로 사회민주당의 활동이 금지되자, 체코슬로바키아의 브르노에서 사회민주당의 망명조직을 지도하다가 프랑스로 망명, 파리에서 죽었다.
4_ Rosa Luxemburg: 1871-1919. 독일에서 활동한 폴란드 출신의 사회주의 이론가이자 혁명가로서 폴란드사회민주당과 스파르타쿠스단, 독일공산당의 조직에 핵심적인 역할을 하였다. 사회주의 정권의 수립을 위해서 대중운동의 중요성을 역설하다 1919년 1월에 발생한 2차 독일혁명 때 체포되어 처형되었다. 대표적인 저서로는 『자본축적론』, 『러시아 혁명』 등이 있다.
5_ Josip Broz Tito: 1892-1980. 유고슬라비아의 정치가. 크로아티아의 농가에서 태어나 금속노동자가 되었고, 1910년 그 지방의 사회민주당에 입당하였다. 제1차 세계대전 때인 1913년 오스트리아-헝가리군에 소집되었고,

그런데 유고슬라비아는 90년대에 분해되어서 아시는 것처럼 민족 간의 분쟁이 격화되었습니다.

또 하나 남은 다민족을 포섭하는 제국은 중국입니다. 즉 이것들은 전부 마르크스주의자에 의한 혁명이 있었던 곳인데, 1990년 시점에서는 중국을 제외하고 다수의 국민국가로 분해되었습니다. 그렇다면 왜 중국은 그렇게 되지 않았던 것일까요. 오늘 하고 싶은 이야기는 이것입니다.

‥‥ 1915년 카르파티아 전선에서 러시아군의 포로가 되었다. 그 후 러시아혁명에 투신하였다. 1920년 귀국하여 공산당에 입당, 1927년 당 자그레브 시위원회 서기가 되었으나 곧 체포되어 1928-1934년 투옥되었다. 1935년부터 모스크바의 코민테른 서기국에서 일하였고 에스파냐내란에도 참가하였다. 그 뒤 티토라는 당명으로 당 크로아티아 지방위원으로서 지하활동에 종사하였고, 1937년에는 당 서기장으로 선출되었다.
제2차 세계대전 중인 1941년 독일·이탈리아 양군이 유고슬라비아를 점령한 후에는 80만 명의 빨치산을 거느리고 그들과 싸웠으며, 민족해방운동에 앞장서서 인민해방군 총사령관이 되었다. 1943년에는 해방전국위원회(임시정부) 의장에 취임하였고 원수(元帥)의 칭호를 받았다. 조국이 해방된 1945년부터는 수상과 국방상을 겸임하였고, 1953년에 초대 대통령에 취임하였다.
1948년 6월 유고슬라비아 공산당이 코민포름에서 제명되고 그의 정강(政綱)은 수정주의라는 낙인이 찍혔으나, 그는 독자적인 사회주의를 목표로 한 비동맹중립외교의 정책을 굳게 지켰다. 1969년에 소련과의 관계가 개선되었고, 1974년 5월 연방의회에서 종신대통령으로 선출되었다. 민족적·종교적으로 복잡한 유고슬라비아의 통일을 지키며 경제건설을 추진하였다.

3. 제국의 원리

　먼저 제국이 무언지를 분명히 할 필요가 있습니다. 오늘날은 제국을 그저 광역국가로 고금동서의 그것들과 형식적으로 비교하여 분류하는 관점이 보급되어 있습니다. 예를 들어, 육지의 제국이거나 바다의 제국이거나 말입니다. 하지만 나는 이것을 교환양식으로 구별해야 한다고 생각합니다. 세계제국은 교환양식B가 지배적인 단계의 광역국가입니다. 그렇다면 교환양식C가 지배적이 된 단계에서 광역국가는 어떨까요. 그것은 식민지제국, 그리고 제국주의국가입니다. 이것들은 얼핏 보면 세계제국과 닮아있지만, 본질적으로 다른 것입니다. 내가 아는 한 이 차이를 정확히 포착한 것은 한나 아렌트입니다.

　영속성이 있는 세계제국을 설립할 수 있는 것은 국민국가와 같은 정치형태가 아니라 로마공화국과 같은 본질적으로 법에 기초한 정치형태다. 왜냐하면, 거기에서는 전(全)제국을 담당하는 정치제도를 구체적으로 나타내는 만인에게 동등하고 유효한 입법이라는 권위가 존재하기 때문에, 그것에 의해 정복 후 매우 이질적인 민족 집단도 실제로 통합될 수 있기 때문이다. 국민국가가 이와 같은 통합의 원리를 가지고 있지 않다. 그것은 원래 처음부터 동질적 주민과 정부에 대한 주민의 적극적 동의(르낭이 말하는 매일의 인민투표)를 전제로 하고 있기 때문이다. 영토, 민족, 국가를 역사적으로 공유하고 있는 것에 근거하는 이상, 네이션은 제국을 건설할 수 없다. (중략)

정치의 불변하는 최고목표로서의 팽창이 제국주의의 중심적 이념이다. 팽창이 여기서 의미하고 있는 것은 정복자의 치부를 목적으로 삼아 피정복자를 일시적으로 수탈하는 것도 피정복자를 최종적으로 동화시키는 것도 아니다. 바로 이 점이 팽창 개념의 독창성을 이룬다. 하지만 이 개념 자체가 본래 정치적인 것도 정치에서 생겨난 것도 아니기 때문에, 이 독창성은 겉모양에 지나지 않는다. 팽창은 오히려 사업투기의 영역에서 나온 개념인데, 거기서 그것은 19세기에 특징적이었던 공업생산과 경제행위의 끊임없는 확대를 의미했다.[1]

요약하면 첫째로 제국은 다수의 민족·국가를 통합하는 원리를 가지고 있는데, 국민국가에는 그것이 없습니다. 그와 같은 국민국가가 확대되어 타민족·타 국가를 지배하게 되면, 그것이 '제국주의'입니다. 그리고 제국주의적인 팽창은 자본의 팽창입니다. 즉 제국의 팽창이 교환양식B에 근거하는 것인 데에 반해, 제국주의적 팽창은 교환양식C에 근거하는 것입니다.

・・・・
1_ アーレント, 『全体主義の起原』(2), 大島通義·大島かおり 譯, みすず書房, 1981, 6頁[한나 아렌트, 『전체주의의 기원』(1), 이진우·박미애 옮김, 한길사, 2006, 270-271쪽].

그렇다면 제국의 원리란 무엇일까요. 아렌트는 로마제국만 생각했지만, 그것은 당연히 다른 세계제국에도 존재합니다. 서아시아에서는 페르시아제국에서 그것을 발견할 수 있습니다. 아니 로마제국의 원리도 그것으로 거슬러 올라갈 수 있습니다. 도시국가인 동안에는 로마도 아테네와 마찬가지로 제국이 될 수 없었습니다. 그러므로 도시국가 로마가 확대되어 로마제국이 되었을 때에 커다란 전환에 직면했던 것입니다. 시저의 암살사건은 그것을 상징합니다.

제국은 하나의 부족이나 도시국가의 확장으로는 불가능합니다. 또 단순히 무력에 의한 정복으로 성립하지도 않습니다. 지속적으로 다민족을 복종시키는 수단·원리가 필요합니다. 예를 들어, 페르시아제국에서는 법치주의가 확립되었습니다. 그것은 씨족·부족적인 법, 즉 호수적인 보복을 넘어서는 것입니다. 그리고 관료제, 통일화폐, 세계종교, 도로, 체신의 정비 등이 진행되었습니다.

물론 이것들은 갑자기 생긴 것이 아닙니다. 페르시아제국은 그때까지 메소포타미아나 이집트에 있었던 제국을 계승하고 그것들을 집대성한 것입니다. 하지만 여기에 이르기까지의 과정은 확실하지 않습니다. 그러므로 갑자기 페르시아제국이 생겨난 것처럼 보입니다. 또 앞서 말한 것처럼 페르시아제국의 원리는 알렉산더에 계승되고, 그리고 로마제국에 계승되지만, 그와 같은 연속성은 전혀 의식되고 있지 않습니다. 그러므로 마치 로마에서 갑자기 솟아오른 것처럼 생각합니다. 또 서양에서는 일반적으로 로마제국=서양, 페르시아제국=동양이라고 생각합니다. 제국이 어떻게 생겼는지를 제대로 사고하지 않기 때문입니다.

그런데 중국을 보면, 제국이 성립해온 과정을 잘 알 수 있습니다. 또 그 제국이 다른 제국으로 계승되어 가는 것도 잘 알 수 있습니다.

이것은 중국제국이 다른 제국과 다른 한 가지 특징이지만, 중국의 예는 일반적으로 제국이 어떻게 형성되는지를 보는 데에 매우 도움이 됩니다.

4. 제국의 연속성

 중국제국은 진(秦)의 시황제에 의해 시작되었습니다. 하지만 갑작스러운 것이 아닙니다. 이에 이르기까지 많은 도시국가가 난립하고 서로 경쟁하는 춘추전국시대가 선행하고 있습니다. 진제국은 그것을 통일함으로써 성립했습니다. 게다가 그것은 그저 무력에 의한 것이 아닙니다. 그렇게 하기 위해서는 사상이 필요했습니다. 그것은 춘추전국시대에 배출된 제자백가라고 불리는 사상가들에 의해 초래되었습니다. 그 가운데 특히 중요한 것은 법가, 도가(노자), 그리고 유가(공자)입니다.

 처음에 제국의 원리를 부여한 것은 법가입니다. 법가는 법에 의한 지배를 주장했는데, 그것은 근본적으로 가족이나 씨족·부족에 의한 지배를 배척하는 것입니다. 바꿔 말해, 교환양식A를 거부하고 교환양식B를 철저히 하는 것입니다. 제국을 세우기 위해서는 법치주의가 불가결합니다. 진은 서(西)의 변경에 있었지만, 재상인 상앙[1]이 엄격한

---

[1] 商鞅: ?-B.C. 338. 중국 전국시대 진(秦)나라의 정치가. 진 효공에게 발탁되

법치주의를 철저히 실행함으로써 강국이 되고 마침내 진의 시황제에
의해 전국을 통치하기에 이르렀습니다. 하지만 엄격한 법치주의만으
로는 힘듭니다. 황제가 죽자, 제국은 간단히 멸망했습니다.

 제국을 재건한 것은 한(漢)왕조로서 그에 대한 반성에서 중앙집권성
을 완화했습니다. 그때 노자가 말한 '무위'의 사상이 활용되었습니다.
노자의 사고는 본래 전제국가, 아니 국가일반과 완전히 대립되는 아나
키즘이지만, 이 시기에는 제국의 정치이론이 되었습니다. 즉 그것은
민간에 맡기라는 사고가 됩니다. 예를 들어, 진의 시황제는 국가강권에
의해 화폐통일을 시도했지만, 그것을 완수하는 것은 불가능했습니다.
한편 한왕조는 엄청난 금을 보유하고 있었지만, 스스로 통화를 만드는
대신에 그것을 준비금으로 삼아 민간에게 통화를 자유롭게 주조하도
록 했습니다. 그리고 그렇게 함으로써 일거에 잡다한 통화를 몰아냈다
고 이야기됩니다.

 하지만 이와 같은 자유방임(laissez-faire)정책이 취해진 태후의 시대
에 경제가 급격히 발전했지만, 각지의 제후가 세위를 떨치게 되었습니
다. 그것에 대항하여 무제는 다시 중앙집권화를 시도했습니다. 하지만
법가가 아니라 유가의 가르침을 제국의 원리로서 받아들였습니다.
유학도 본래 노자에 못지않게 집권적인 국가와 대립하는 사상이고,
따라서 진의 시황제에 의해 분서갱유를 당했지만, 이 시기에는 동중서[2]

   ···· 어 여러 방면에 걸친 대개혁을 단행하여 진제국이 성립할 수 있는 기반을
      다졌다. 10년간 진나라의 재상을 지내면서 엄격한 법치주의에 기반한
      정치를 폈다.
   2_ 董仲舒: B.C. 170?-B.C. 120?. 중국 전한(前漢) 때의 유학자. 무제가 즉위하
      여 널리 인재를 구할 때, 현량대책(賢良對策)을 올려 인정을 받았다. 전한
      의 새로운 문교정책에 참여했다. 오경박사(五經博士)를 두고 국가문교의
      중심이 유가(儒家)에 통일된 것은 그의 영향이 크다.

와 같은 유자에 의해 제국의 종교, 즉 유학이라기보다 '유교'로서 재편되었습니다. 그것은 동시기 로마제국에서 그때까지 탄압받던 기독교가 국교가 된 것과 평행하고 있습니다.

그 이후 중국에서 제국의 원리는 기본적으로 이 세 가지 사상을 조합시킨 것입니다. 사실 나는 모택동 이후 정치체제의 변화도 이런 관점에서 볼 수 있다고 생각합니다. 모택동이 진의 시황제, 등소평이 한왕조 초기 자유방임시대에 대응합니다. 그리고 유교를 받아들인 무제의 단계는 앞으로 올 것입니다. 다만 오늘 이야기하고 싶은 것은 이와는 별개의 문제입니다.

위와 같이 제국의 성립에 사상이 불가결했다는 것은 중국에만 해당되는 이야기가 아닙니다. 그리스에서도 인도에서도 중국의 춘추전국시대처럼 도시국가가 난립하고 항쟁했던 시기가 있었고, 그때 다양한 자유사상가들이 나왔습니다. 이것들은 잘 알려져 있는데, 그것들보다 좀 더 이전에 메소포타미아에서도 같은 것이 분명히 일어났을 것입니다. 그곳에서도 도시국가의 항쟁을 거쳐 전제국가가 형성되었는데, 사상의 선행 없이 그것은 불가능했다고 생각합니다. 예를 들어, "눈에는 눈을"이라는 사고는 수메르에서 온 것인데, 그것은 호수적 보복(Vendetta)을 부정하는 법치주의의 이론입니다. 그것에 의해 통일국가가 생겼습니다. 그러므로 수메르에도 '법가'가 있었음이 분명하지만, 그와 같은 사건의 기록은 전혀 남아있지 않습니다.

그런데 중국에는 그와 같은 과거가 온전히 보존되어 있습니다. 그것은 왕조교체와 함께 국가관료(사관)가 전(前) 왕조에 있었던 일을 정리하고 총괄하는 역사를 써왔기 때문인데, 그렇다면 왜 그런 것이 이루어졌던 것일까요. 그것은 중국에 수많은 지배자 교체와 외부로부터 온 정복자가 있었음에도 불구하고, 진한(秦漢) 이후 연속적인 것으로 간주되는 것에 원인이 있습니다. 서아시아에서라면, 그저 제국의 교체로 간주되지만, 여기서는 동일한 제국 안의 왕조교체로 생각되는 것입니다. 이것은 또 새로운 왕조가 성립하기 위해서는 단순히 무력적 제패만이 아니라 전대의 왕조를 계승하는 정통성을 갖지 않으면 안 된다는 것을 의미합니다.

한왕조가 유교를 국가적인 교의(敎義)로 삼음과 동시에 역성혁명이라는 관념이 일반화되었습니다. 그것은 천자는 천명에 의해 천하를 다스리고 있는 것이기 때문에, 천자의 가문(姓)에서 부덕한 자가 나오면, 천명은 다른 유덕자로 옮겨가고, 즉 명(命)이 악화되어 왕조가 교체된다는 것입니다. 이런 관념은 왕조교체를 정당화하는 것인데, 중요한 것은 이후 그것을 외부로부터 온 이민족 정복자에게도 적용했다는 점입니다. 왕조의 정통성은 누가 그리고 어느 민족이 지배하는지가 아니라, 그것이 제국의 원리를 만족시키는지 아닌지 그리고 정치적인 통일에 의해 안정·평화·번영을 가져오는지 아닌지에 의해 판단됩니다. 정복자 왕조인 청조도 그와 같은 조건을 만족시켰기 때문에 정통성을 얻었던 것입니다.

청조에서 제국의 통치는 완성형태를 보여주고 있습니다. 청조의 황제는 황제임과 동시에 유목민을 지배하는 칸이었습니다. 바꿔 말해, 중국의 왕조(명明)를 계승함과 동시에 몽골제국을 계승했습니다. 몽골제국의 후계자였기 때문에, 청조는 판도를 역사상 최대로 넓혔습니다. 하지만 동시에 그것은 중국왕조의 관념에서 말하자면, 청조에 정통성을 부여하는 것입니다.

이와 같은 대제국을 가능하게 한 것은 청조가 제국의 내부와 주변, 그리고 그 바깥에 대해 취한 서로 다른 통치정책이었습니다. 내부에는 만주인, 한족이나 몽골이 들어갑니다. 그리고 그 외부의 '번부(藩部)'라고 불리는 영역에 티베트나 위구르 등이 들어갔습니다. 그들은 실질적으로는 자치권을 가지고 있었습니다. 그리고 그 바깥의 주변국가에 대해 청조는 책봉과 조공이라는 외교관계를 취했습니다. 이것은 지배-복종이라는 겉모습을 하고 있지만, 실제로는 호혜적, 아니 오히려 청조 측의 증여에 의해 성립하는 것입니다. 교환양식으로 말하면 이것은 C가 아니라 A인 것입니다. 이런 식으로 주변부에 평화를 구축하는 것이 제국의 정책이었습니다.

5. 제국의 국민국가화

문제는 이와 같은 제국이 19세기의 세계=경제 속에서, 즉 제국주의적 상황 한가운데에 존재했다는 점입니다. 이것을 청조 측에서 보기로 하지요. 청조에 대하여 주변의 국가들은 책봉이나 조공관계에 있었는데, 그것은 정치적 종속이 아니었습니다. 하지만 제국주의국가들은 그것을 종속이라고 간주하고, 그 나라들을 독립시킨다는 구실 하에 간섭을 했습니다. 예를 들어, 영국은 이집트가 오스만-투르크로부터 독립하는 것을 원조했습니다만, 그것은 이집트의 시장을 독점적으로 지배하기 위해서입니다. 제국에 의한 지배는 교환양식B 및 A에 근거합니다. 그런데 제국주의에 의한 지배는 교환양식C에 근거합니다. 이것은 자본주의시장의 확대를 목표로 하는 것입니다.

예를 들어, 메이지 이후의 일본은 '제국'이라고 일컫지만, 이것은 물론 제국주의에 지나지 않습니다. 일본은 류큐[1]나 조선을 청조의

---

[1] 류큐(琉球): 오키나와(沖繩)현에 있던 옛 왕국. 12세기부터 몇 개의 집단이 세력을 다투다가 1429년 등장한 통일왕국으로 오키나와 중심지인 나하[那覇]의 동부에 있는 슈리[首里]를 도읍으로 삼았다. 동북아시아와 동남

지배로부터 해방시킨다는 이유로 그들을 합병시켰습니다. 이것은 서양의 제국주의국가가 행해온 것의 모방입니다. 예를 들어, 미국은 하와이왕국을 멸망시키고, 이어서 필리핀을 영유하려고 했습니다. 그들은 '자유'를 위해 그렇게 했다고 지금도 믿고 있습니다. 그리고 지금도 '자유'를 위해 전 세계에 군대를 보내고 있습니다. 신자유주의란 실은 신제국주의인 것입니다.

　류큐 사람들은 도쿠가와(德川)시대에 사쓰마(薩摩)의 지배로 인해 힘들었는데, 청조로부터는 오히려 은혜만 받았습니다. 그러므로 청조에 대해 호의를 품고 있었습니다. 청일전쟁 때도 청조의 승리를 기원했습니다. 그렇게 된다면, 독립이 가능했기 때문입니다. 요컨대 청조는 제국이었지 제국주의가 아니었습니다. 물론 이와 같은 구별은 당시에 없었습니다. 사실 지금도 없습니다. 제국에 대한 이해가 없기 때문입니다.

　이어서 청조라는 제국의 문제를 그것을 내부에서 타도하려는 측에서 생각해 보지요. 청조 말기에는 왕조를 무너뜨릴 필요가 있었습니다. 아편전쟁 이후 청조는 근대화를 시도하면서도 계속 제국인 채로 있었는데, 그 때문에 서양열강이나 일본에 의해 마구 먹혀갔습니다. 한시라도 빨리 청조를 무너뜨려야 했습니다. 그런데 여기서 곤란은 청조에 의해 완성된 제국을 근대세계시스템으로 재편성하는 것이었습니다.

　예를 들어, 손문은 '삼민주의'를 주창했는데, 그중 하나인 '민족주

・・・・　아시아를 잇는 해상로에 위치하여 무역으로 발전하였고, 중국은 물론 일본과 우리나라의 영향을 받아 독특한 문화를 이루었다. 그러나 약소국으로 오랫동안 중국에 조공을 바쳐야 했으며, 1609년에 일본 시마즈씨[島津氏]의 침입을 받은 후에는 그 지배 아래 놓였다. 이후 1879년에 다시 일본의 침략을 받아 450년간의 왕조를 끝내고 오키나와현이 되었다.

의'는 대단히 오해되기 쉬운 것이었습니다. 그것은 만주인을 내쫓고 한(漢)민족에 의한 국가를 설립하는 것으로 생각되어 왔습니다. 하지만 손문은 스위스나 미국처럼 다민족이 있는 나라를 모델로 생각했습니다. 그가 말하는 '민족'은 '스위스민족'이나 '아메리카민족'이라는 것과 같은 의미입니다. 그는 중국의 다민족을 하나의 '중화민족'으로 삼으려고 했던 것입니다. 이것은 한(漢)민족으로의 동화와는 다릅니다. 손문은 오해를 피하기 위해 민족 대신에 국족(國族)이라는 단어를 생각했습니다. 네이션의 역어로서 어울린다고 생각합니다만, 지금은 사용되고 있지 않습니다.

손문이 직면한 것은 다음과 같은 문제입니다. 어떻게 하면, 제국을 여러 민족국가로 분해하지 않고 하나의 네이션=국가로 만들 수 있을까. 그것은 청조를 부정함과 동시에 그것을 계승하는 것입니다. 예를 들어, 손문은 연방제를 생각하고 있었습니다. 하지만 그는 사실상 아무것도 실행하지 못하고 죽었습니다. 그런데 이런 곤란한 과제를 이어받은 것은 장개석이 아니라 모택동이었습니다. 서양적 그리고 러시아적 마르크스주의자가 노동자계급을 말했던 데에 반해, 모택동은 농민을 중시했습니다. 그것은 중국의 정치적 전통에 뿌리를 두고 있습니다. 중국의 왕조교체는 한 말기 황건의 난 이래 여러 차례 소농이나 유민운동의 반란으로 일어났습니다. 또 그것은 토지개혁(균전법)을 내거는 것이었습니다.

모택동은 마르크스주의자지만 이상과 같은 중국적 '혁명'의 전통을 계승했습니다. 뿐만 아니라 청조가 넓힌 판도, 그리고 소수민족에 대한 정책을 기본적으로 계승했습니다. 티베트와 위구르는 청조에서는 '번부(藩部)'라고 불리고 자치권을 가지고 있었습니다. 또 이 지역도 다수의 민족이 잡거하는 상태였습니다. 그 가운데서 '민족자결'이라는 것은 새로운 마이노리티를 창출하는 것이 됩니다. 거기서 공산당은 다수의 민족이 혼재하는 '민족구역자치제도'를 생각했습니다. 그리고 티베트인이나 위구르인을 우대하는 정책을 취했습니다. 현재 이 구역에서 트러블이 발생하고 있는 것은 그들이 차별대우를 받아왔기 때문이 아니라, 그 반대로 우대되어 한족이 역차별 되는 모양이 되었기 때문입니다.

중국의 제국성을 뒷받침한 또 한 가지 요소는 한자가 아닐까 합니다. 폴리스나 네이션의 언어는 구어입니다. 하지만 제국이 폴리스나 네이션의 연장이 아닌 것처럼 제국의 언어는 구어로부터 자립한 문어여야 합니다. 예를 들어, 유럽에서는 라틴어가, 이슬람권에서는 아라비아어가 제국의 언어였습니다. 그리고 제국의 언어는 제국이 사라짐과 동시에 사라져갔습니다. 하지만 중국에서는 그렇지 않았습니다. 중국에서는 많은 민족, 많은 지역 사이에 아무리 구어가 다양해도 한자가 공통언어로서 계속 존재했습니다. 이것은 다민족이 존재함에도 불구하고, 그것이 언어적 대립·분열을 가져오는 사태를 막았다고 생각합니다. 그에 비해 인도에서는 언어적 분열을 피하기 위해 지금도 구종주국의 언어(영어)를 공통어로 할 수밖에 없는 형편입니다.

여기서 다시 묻겠습니다. 소련이나 유고슬라비아와 다르게 중국이 1990년 이후에 분해되지 않은 것은 왜일까요. 그것은 공산당의 지배가 강했기 때문이 아니라 러시아나 유고슬라비아와 다르게 제국으로서의 전통이 강했기 때문입니다. 중국의 경우, 공산당도 기본적으로 이 전통을 따르고 있습니다. 구세계제국이 다수의 민족국가로 분해되지 않고 유지된 것은 유례가 없습니다. 따라서 그로부터 생겨나는 문제도 유례가 없습니다. 이와 같은 것을 고려하여 중국의 정세를 보아야 합니다.

6. 새로운 제국과 제국주의

　그렇지만 중국의 정세는 중국 일국만으로 정해지는 것이 아닙니다. 어떤 사회구성체도 단독으로 존재하지 않습니다. 그것들은 세계자본주의 하에 있기 때문입니다. 중국의 급격한 경제성장은 중국 내부만의 사정에 의해서가 아니라 세계자본주의의 동향에 근거하고 있습니다. 따라서 세계자본주의의 위기는 앞으로 중국에도 곤란을 가져올 것입니다.
　앞서 나는 이렇게 서술했습니다. 교환양식C가 지배적인 단계에서는 세계제국이 성립하지 않는다. 만약 그것과 닮은 것을 만든다면, 그것은 제국주의가 될 뿐이라고 말입니다. 하지만 '제국주의'라는 개념은 20세기 초까지는 긍정적인 의미로 사용되었습니다. 그것이 일반적으로 부정적인 의미를 가지게 된 것은 1917년 러시아혁명 이후입니다. 그 이후로 제국주의열강은 제국주의라는 사실을 부인했습니다. 그 대신에 예를 들어 독일에서 광역경제권이 주창되고, 일본에서는 대동아공영권이 주창되었습니다. 이것은 제국주의가 아니다, 자본주의와 사회주의와 같은 근대를 초극하는 것이라고 그들은 주장했던 것입니다. 하지만 뭐라고 하든 이것은 제국주의입니다.

그런데 제국주의와는 다른 원리를 가진 광역국가, 즉 '제국'이 불가능한가 하면, 그렇지 않습니다. 예를 들어, 그것은 현재 어떤 형태로 실현되고 있습니다. 교환양식C가 지배적인 단계에서는 구세계제국은 분해됩니다. 그 결과 온 세계에 작은 국민국가가 대량으로 발생하게 됩니다. 하지만 작은 국민국가는 형식적으로는 주권국가이지만, 현실적으로는 군사적·경제적으로 다른 헤게모니국가에 종속되게 됩니다.

그리고 그와 같은 종속을 면하려고 하면, 국가들이 모여서 연합할 수밖에 없습니다. 유럽공동체가 그 예입니다. 이것은 독일의 주도에 의한 것이지만, 나치의 광역경제권과는 다릅니다. 즉 제국주의적이지 않은 '제국'의 원리를 가지고 있습니다. 하지만 그것이 형성된 것은 세계자본주의의 압력에 의해서입니다. 구체적으로 말해, 유럽공동체는 아메리카와 일본의 경제에 대항하여 형성되었습니다.

따라서 유럽공동체와 같은 것이 생기면, 그것에 대응하여 다른 지역에서도 블록이 형성되게 됩니다. 예를 들어, 이슬람권의 국가들이 하나로 뭉치게 됩니다. 이와 같은 블록은 과거 세계제국 하에서 형성된 문화적 동일성에 근거하고 있습니다. 그러므로 각지에서 과거의 세계제국이 부활하고 있는 것처럼 보입니다. 러시아에서도 푸틴이 구소련 국가를 통합하는 '유러시아동맹'을 주창하고 있습니다. 그 가운데에서 중국만은 특별히 무언가를 할 필요가 없습니다. 청조라는 제국이 분절되지 않고 남아 있기 때문입니다. 그 규모만으로도 중국은 각지의 국가연합을 넘어서고 있습니다.

이와 같은 연합체는 제국주의적이지 않습니다. 어떤 나라가 다른 나라를 굴종시키거나 수탈하거나 하지 않기 때문입니다. 하지만 그것은 광역의 내부에서는 그러하지만, 그 외부에 대해서는 다릅니다. 자본 간의 경쟁이 광역국가와 다른 광역국가, 또는 국가연합체와 다른 국가연합체 사이에 심각한 상극을 가져올 수밖에 없습니다. 그로부터 새로운 '제국주의'가 생겨납니다. 그리고 세계자본주의의 위기·몰락이 진행될 때, 그것은 세계전쟁으로 발전할 가능성이 있습니다.

마지막으로 매우 성급한 결론을 말하자면, 교환양식C에 근거하는 세계시스템은 머지않아 파탄날 수밖에 없습니다. 자본주의적 축적이 한계에 도달하기 때문입니다. 그렇다면 그것들을 넘어서는 것은 무엇일까요. 그것은 교환양식D에 근거하는 세계시스템입니다. 오늘 그것에 대해 이야기할 여유는 없습니다만, 이미 나의 책 특히 최근의 『『세계사의 구조』를 읽는다』라는 책[1]에서 상세히 논하고 있기 때문에 참조하시기 바랍니다.*

···· 1_ 이 책은 <한국어판 서문>에서 말하고 있는 것처럼 본서의 원형이 되는 책이다.
* 이 글은 2011년 12월 17일 도쿄대 고마바(駒場)캠퍼스에서 열린 '왕후이·가라타니 고진 강연회'(중국사회문화학회 주최)에서 행해진 강연이다(저자).

VI. 동아시아에서 역사와 반복

1. 국가에서 반복

나는 『세계사의 구조』라는 책에서 역사의 반복성에 대해 논했습니다. 일견 그것은 이 책에서 눈에 띄지 않는 테마입니다. 그러므로 오늘은 그것에 초점을 맞추고 싶습니다. 내가 '역사와 반복'이라는 주제에 대해 말하고 싶다고 생각한 것은 현재 중국, 대만, 일본, 그리고 넓게는 동아시아에서 '역사와 반복'이라는 주제가 현실적으로 나타나고 있기 때문입니다. 하지만 그럼에도 불구하고 그것을 '역사와 반복'이라는 퍼스펙티브에서 보는 작업이 거의 이루어지고 있지 않습니다. 그러므로 이 문제를 다시 논할 필요가 있다는 생각이 들었습니다.

역사가는 자주 이렇게 말하곤 합니다. 역사에 대해 무지하면, 역사를 반복하게 된다고 말입니다. 그럼 안다면, 우리는 반복을 면할 수 있을까요. 아니 역사의 반복은 정말로 존재하는 것일까요. 이와 같은 문제는 제대로 사고된 적이 없습니다. 왜냐하면, 직관적으로는 역사의 반복성을 인정하고 있어도, 과학적이고자 하는 학자는 반복에 대해 말하지 않기 때문입니다.

나는 역사의 반복이 존재한다고 생각합니다. 그리고 그것을 '과학적으로' 다루는 것이 가능하다고 생각하고 있습니다. 물론 반복되는 것은 사건이 아니라 구조입니다. 아니 반복적인 구조입니다. 놀랍게도 구조적으로 반복될 때에는 사건까지 유사하게 되는 경우가 적지 않습니다. 그렇지만 사건의 표면적인 유사성에 사로잡혀서는 안 됩니다. 반복적인 것은 반복적인 구조뿐입니다. 그리고 반복적인 구조가 없으면, 겉모양이 아무리 닮아도 반복이라고 말할 수 없습니다.

이런 의미에서 반복적 구조를 명확히 하려고 한 사상가로 나는 마르크스를 들고 싶습니다. 일반적으로 마르크스의 역사관은 역사적인 발전단계에 근거하는 것으로, 반복과는 무관한 것처럼 보입니다. 하지만 그가 이 반복이라는 문제를 진지하게 생각한 것은 비교적 초기의 작업인『루이 보나파르트 브뤼메르의 18일』에서입니다. 서두의 유명한 말은 그야말로 '역사의 반복'에 대해 서술하고 있습니다. "헤겔은 어딘가에서 모든 세계사적 대사건과 세계사적 대인물은 말하자면 두 번 나타난다고 말하고 있다. 하지만 그는 이렇게 덧붙이는 것을 잊었다, 처음은 비극으로 다음은 소극으로."[1]

이처럼 말할 때 마르크스는 1848년 혁명부터 루이 보나파르트의 황제 취임에 이르는 과정에서 60년 전의 제1차 프랑스혁명(1789)에서 나폴레옹이 황제가 된 과정이 반복되고 있다는 것을 강조하고 있습니다. 하지만 반복은 이것만이 아닙니다. 애당초 제1차 프랑스혁명의 과정 그 자체가 고대 로마사의 의장을 빌려서 이루어진 것입니다. 그런 의미에서 이들은 re-presentation(재현=표상)으로서의 반복입니다. 즉 의식적으로 고대를 모방했기 때문에 반복이 일어난 것처럼

1_ マルクス,『ルイ・ボナパルトのブリュメール18日』, 村田陽一 譯, 國民文庫, 1971, 122頁[맑스,「루이 보나파르트의 브뤼메르 18일」, 최인호 옮김,『칼 맑스・프리드리히 엥겔스 저작 선집』(2), 박종철출판사, 1992, 287쪽].

보입니다.

 하지만 이 사건의 반복성은 사람들이 과거의 의장을 빌렸기 때문에 생긴 것이 아닙니다. 즉 과거에 있었던 것을 흉내 냈다고 해서 사건이 되풀이 될 수는 없습니다. 그것이 만약 반복을 가져온다면, 현재와 과거에 구조적인 유사성이 존재할 때입니다. 예를 들어, 일본에서는 오늘날에도 '유신'이라는 말이 자주 주창되고 있지만, 그것들이 메이지유신의 반복이 되는 일은 절대로 없습니다.

 근대 프랑스에 황제가 출현한 것은 고대에 있었던 것을 반복했기 때문이 아닙니다. 황제를 필요로 하는 현실이 있었기 때문입니다. 프랑스는 산업혁명을 거친 영국경제에 압도되었습니다. 프랑스혁명과 이후의 전쟁에서 대두한 나폴레옹은 '유럽연방'을 결성함으로써 영국의 산업자본주의에 대항하려고 했습니다. 즉 나폴레옹이 황제라고 칭하고 제국을 지향한 것은 과거를 의식했기 때문이 아니라 이 시기의 경제적·정치적 문맥에서 그러한 것입니다.

 이어서 나폴레옹은 유럽연방을 만들기 위해 정복전쟁을 행했습니다. 하지만 그 결과 이에 대한 저항을 통해 유럽 각지에서 국민국가가 형성되기에 이르렀습니다. 아렌트는 『전체주의의 기원』에서 국민국가의 확대는 제국이 아니라 제국주의가 된다, 그리고 제국주의적 확장은 결과적으로 새로운 국민국가를 창출한다고 서술했습니다. 나폴레옹은 그 최초의 예입니다. 20세기에 제국주의는 세계 각지에 국민국가를 창출했습니다.

 일반적으로 말해, 근대국가는 어디까지나 구세계제국에서 분절되는 형태로 형성되었습니다. 그 때문에 같은 세계제국에서 파생된 국가들은 상호 대립되어 있어도 문화적·종교적인 공통성을 가지고 있습니다. 그러므로 다른 세계제국에서 유래하는 국가로부터 위협을 당할 때, 그것들은 구세계제국의 동일성에 의거하려고 합니다. 즉 '제국'으로 회귀하려고 합니다. 하지만 하나의 국민국가가 팽창함으로써 '제국'을 형성하려고 하면, 그것은 제국주의가 될 수밖에 없습니다. 그러므로 그와 같은 제국은 거부되어버립니다. 근대국민국가는 구제국이나 제국주의에 대한 반발입니다. 하지만 국민국가는 동시에 스스로를 해소하여 '제국'으로 회귀하려는 경향도 가지고 있습니다. 제국에 반발하면서 그것으로 회귀하려고 합니다. 그것은 국가에 고유한 반복성을 가져옵니다. 즉 국민국가는 한번 부정했던 제국을 소환합니다. 이것은 뒤에서 말하겠지만 현재 글로벌하게 일어나고 있습니다.

2. 자본에서 반복

 절대왕정을 무너뜨린 시민혁명 뒤에 황제가 출현한다는 것은 국가에 존재하는 고유한 반복입니다. 거기에 시민의 정부로 환원될 수 없는 국가의 본질이 드러납니다. 그런데『브뤼메르 18일』에서 마르크스는 또 한 가지 반복을 언급합니다. 그것은 1851년의 공포입니다. 이 경제위기가 관료·군이라는 국가기구로 하여금 황제 나폴레옹을 기대하게 만들었다는 것입니다.
 공포는 자본주의경제에서 생기는 반복적인 현상입니다. 그것은 경기순환의 일환입니다. 즉 자본의 축적과정에서 불가피하게 생기는 반복성입니다. 마르크스는 이 두 가지 반복이 결부되어 있다는 것을 깨달았습니다. 다시 말해, 그는 국가라는 차원의 반복성과 자본주의경제라는 차원의 반복성이 결부되어 있다는 것에 주목했다고 말해도 좋습니다.
 이 당시 자본이나 국가는 공황이라는 현상의 반복성에 대해 깨닫지 못했습니다. 즉 그것이 주기적인 공황이라는 인식이 없었습니다. 그들은 1851년의 상업공황은 1848년의 혁명에 의한 혼란의 결과이며, 그렇기 때문에 적절한 경제정책만 있으면 해결될 수 있다고 생각했습니다. 그래서 그들은 강력한 정부, 즉 황제의 등장을 환영했던 것입니다.

이상 두 종류의 반복을 보면, 역사의 반복과 관련하여 국가와 자본이라는 두 개의 주체를 보는 것, 그리고 그것들의 연관을 보는 것이 필요하다는 것을 알 수 있습니다. 바꿔 말해, 국가에 고유한 반복성과 자본에 고유한 반복성을 동시에 고찰해야 합니다. 국가와 자본은 대립하면서도 상호보완적인 관계에 있습니다. 이것들을 어느 쪽으로인가로 환원해서는 안 됩니다.

『브뤼메르 18일』에서 마르크스는 국가와 자본 모두 능동적인 주체로 보고 있습니다. 그에 반해 『자본론』의 마르크스는 국가를 괄호에 넣고 자본주의경제를 생각했습니다. 하지만 그것은 방법적인 것입니다. 즉 그는 자본주의경제의 메커니즘을 순수하게 파악하기 위해 그렇게 했던 것입니다. 그러므로 현실의 자본주의적 사회구성체의 역사를 생각하기 위해 우리는 능동적인 주체로서의 국가를 재도입해야 합니다. 하지만 마르크스주의자는 그렇게 하는 대신에 자본주의의 단계적 발전을 생각하고, 그로부터 정치적 상부구조의 변화를 설명하려고 했습니다.

일반적으로 자본주의의 발전단계는 다음과 같이 생각됩니다. 중상주의, 자유주의, 제국주의, 후기자본주의, ……. 다른 관점에서 보면, 이와 같은 단계는 세계상품의 교체에 의해 특징지어집니다. 즉 중상주의단계는 양모공업, 자유주의단계는 목면공업, 제국주의 단계는 중공업, 후기자본주의단계는 자동차나 전자제품과 같은 내구소비재입니다. 그리고 1980년 이후의 새로운 단계(신자유주의)는 정보에 의해 특징지어집니다(80~81쪽의 표를 참조). 이런 리니어(linear)한 발전은 기본적으로 생산력의 변화에 대응하는 것입니다. 마르크스주의자는 이것을 통해 정치적·문화적인 상부구조의 변화를 설명하려고 했습니다. 하지만 이와 같은 관점으로부터는 내가 서술해온 것과 같은 반복적 구조를 볼 수 없습니다.

거기서 내가 참조한 것은 이매뉴얼 월러스틴의 견해입니다. 그는 자본주의의 단계를 자본=국가들 사이의 헤게모니경쟁이라는 관점에서 보았습니다. 그것은 자본주의경제만이 아니라 말하자면 자본과 국가를 모두 능동적인 주체로 보는 것입니다. 이처럼 그는 근대세계시스템의 변화를 헤게모니국가의 교체라는 관점에서 보았습니다.

이제까지 마르크스주의자는 19세기의 단계를 자유주의로서 특징짓고 19세기 말에 그것이 제국주의로 시프트해 간다고 생각했습니다. 그런데 자유주의란 무엇일까요. 실제로 자유주의는 영국의 경제정책입니다. 그 시기 다른 나라는 보호주의적이거나, 또는 그것이 불가능한 식민지지배에 계속 놓여있었습니다. 19세기 중반의 단계를 영국의 경제정책인 자유주의로 특징지을 수 있다고 한다면, 그것은 영국이 헤게모니국가였기 때문입니다.

되풀이가 되겠지만, 자유주의는 헤게모니국가에 의해 채용되는 정책입니다. 그렇다고 한다면, 자유주의는 다른 시기에도 가능하지 않을까요. 월러스틴은 그렇게 생각했습니다. 그가 생각하기에 근대의 세계경제에서 헤게모니를 잡은 국가는 세 나라밖에 없었습니다. 네덜란드, 영국, 그리고 아메리카(합중국)입니다. 16세기 후반부터 17세기 중반까지 네덜란드는 자유주의적이었습니다. 정치적으로도 절대왕정이 아니라 공화제였습니다. 실제 암스테르담은 데카르트나 로크가 망명하고 스피노자가 안주할 수 있었던 예외적인 도시였습니다. 그 시기 영국은 중상주의(보호주의)정책을 취하고 있었습니다.

월러스틴은 헤게모니의 교대를 세 가지 영역에서 생각했습니다.

제조, 상업, 그리고 금융. 어떤 국가는 먼저 생산에서 헤게모니를 확립하고, 그리고 상업과 금융으로 진출합니다. 하지만 월러스틴은 하나의 중핵국이 동시에 생산·상업·금융 세 차원 전부에서 다른 나라에 대해 우위를 유지하는 상태는 매우 짧은 시기에 불과하다고 말합니다. 이것은 역으로 말하면, 헤게모니가 생산부문에서 상실되어도 상업이나 금융에서는 유지될 수 있다는 것을 의미합니다. 예를 들어, 네덜란드는 제조업에서 영국에 추월당한 18세기 후반에도 유통이나 금융 영역에서 헤게모니를 쥐고 있었습니다. 영국이 완전히 우월하게 된 것은 거의 19세기가 되면서부터이고, 그것이 소위 '자유주의'단계입니다.

하지만 영국이 패권을 잡은 시기를 자유주의라고 부른다면, 네덜란드가 패권을 잡은 시기도 그렇게 불러야 합니다. 다른 한편으로 중상주의는 헤게모니국가가 존재하지 않는 시기, 즉 네덜란드가 헤게모니를 잃고 영국과 프랑스가 그 후임을 노리고 싸우는 시기입니다. 나폴레옹전쟁은 그것을 상징하는 것입니다. 1870년 이후의 제국주의라고 불리는 단계도 똑같이 볼 수 있습니다. 그것은 영국이 제조업에서 헤게모니를 잃고, 다른 한편으로 아메리카와 독일, 일본 등이 그 후임을 노리고 싸우기 시작한 시기입니다. 이렇게 보면, 중상주의적인 단계와 제국주의단계에서 유사한 면이 보이는 것은 이상하지 않습니다.

자본주의의 단계적 '발전'은 그저 리니어한 것일 수 없습니다. 단계적 발전은 세계상품의 교대는 물론, 장기적 불황 또한 수반합니다. 동시에 그것은 헤게모니를 둘러싼 국가의 사활을 건 항쟁을 수반합니다. 그러므로 그것은 국가 차원의 고유한 반복을 수반합니다. 따라서 세계자본주의의 단계는 '제국주의적'인 단계와 '자유주의적'인 단계의 반복으로 볼 수 있습니다(80~81쪽의 표를 참조).

이 표가 보여주는 것처럼 '중상주의'는 '제국주의적' 단계입니다. 그것은 네덜란드에 의한 자유주의에서 영국의 자유주의에 이르기까지의 과도적 단계, 즉 네덜란드가 몰락해 가는데, 영국과 프랑스가 그것을 대신할 정도가 아니어서 상호적인 항쟁이 계속되던 단계입니다. 또 1870년 이후의 '제국주의'란 영국이 쇠퇴하는 가운데에서 독일, 아메리카, 러시아, 일본 등이 그 이전에 영국과 프랑스와 네덜란드가 획득한 영토를 재분할하려는 것이었습니다.

이처럼 세계자본주의의 단계는 한편으로 생산력이라는 측면에서 리니어한 발전이지만, 다른 한편으로 '자유주의'적인 단계와 '제국주의'적인 단계가 번갈아서 계속되는 형태를 취합니다. 내가 보기에 이것은 거의 60년 주기입니다. 이 때문에 근대의 세계사는 120년마다 유사해진다고 말할 수 있습니다. 앞으로도 그럴지는 알 수 없습니다. 다만 이것은 발전적(heuristic)인 가설로서 유익하다고 생각합니다.

3. 현재의 단계

1990년 이후는 '신자유주의'로 이해되고 있습니다. 소련이 붕괴한 후, 미국은 압도적인 헤게모니를 얻은 것처럼 보였습니다. 하지만 아메리카가 헤게모니국가였던 것은 오히려 1990년 이전이었고, 달러의 금태환제 정지가 보여주는 것처럼 경제적으로는 1970년대부터 몰락하기 시작했습니다. 다만 그것은 옛날 네덜란드나 영국이 걸었던 것과 같은 코스를 걷고 있다 하겠습니다. 즉 제조부문에서는 몰락했지만, 금융이나 상업(석유·곡물·에너지와 같은 자원의)에 관해서는 여전히 헤게모니를 잡고 있습니다. 그 때문에 아메리카의 경제적 몰락이 잘 보이지 않습니다.

아메리카의 '신자유주의'는 아메리카가 진정으로 헤게모니국가였던 시기의 '자유주의'와는 전혀 다릅니다. 19세기 영국의 경우도 헤게모니국가였던 시기, 즉 자유주의 시기에는 국내에서도 노동조합이나 협동조합이 발전하고 사회복지가 두루 미쳤습니다. 아메리카에 대해서도 같은 것을 말할 수 있습니다. 아메리카의 자유주의시대는 1930년대부터 1990년까지 그중에서도 특히 1945년에서 1975년까지의 시기입니다.

　이 시기 소련이 존재했던 탓도 있지만, 아메리카에서는 케인즈주의 정책이 취해지고 복지국가적인 정책이 채택되었습니다. 또 아메리카의 헤게모니 하에서 선진적 자본주의국가들은 아메리카의 경제적 지원을 받아 소련권을 공동의 적으로 삼는 것에 서로 협력하고 국내에서는 노동자의 보호나 사회복지 정책을 실시했습니다. 따라서 냉전시대란 헤게모니국가 아메리카에 의한 '자유주의'적인 단계였다고 해도 과언이 아닙니다.

　아메리카가 경제적 헤게모니를 우선 제조업레벨에서 잃은 것은 1970년 이후입니다. 그에 반해 아메리카의 자본은 금융이나 상업으로 이행했습니다. 그 때문에 금융규제를 완화하고 사회복지를 삭감하고 자본에 대한 과세나 규제를 줄였습니다. 그것이 레이건주의라고 불리는 정책입니다. 이것은 또 신자유주의라고 불립니다. 하지만 이것은 자유주의와는 전혀 다릅니다. 그것은 19세기 말에 현저하게 된 제국주의와 닮아 있습니다.

　1990년대에 전면화된 글로벌리제이션이라고 불리는 사태는 1970년대 선진국에서의 이윤율저하・만성불황이라는 위기에서 기인합니다. 그 원인의 하나는 내구소비재가 보급되어 이제까지의 시장이 포화상태에 이르렀다는 것에 있습니다. 그리고 내구소비재 생산과 관련하여 일본과 독일의 급격한 발전 때문에 아메리카는 헤게모니를 상실했습니다. 이 때문에 아메리카의 자본은 글로벌한 자유경제에서 활로를 찾으려고 했던 것입니다. 하지만 그것은 아메리카라는 국가의 군사적인 헤게모니에 의거하지 않고서는 불가능합니다. 현재의 자본주의 단계는 그 때문에 '신자유주의'라기보다도 오히려 '신제국주의'라고 해야 합니다.

신자유주의와 제국주의의 유사함은 다른 점에서도 말할 수 있습니다. 예를 들어, 레닌은 제국주의 단계를 역사적으로 특징짓는 것으로서 '자본의 수출'을 들었습니다. 그것은 신자유주의에서도 현저한 현상입니다. 선진국의 자본은 그때까지의 시장만으로는 안 되게 되었기 때문에 바깥에서 시장을 구했습니다. 그것이 글로벌리제이션입니다. 또 자본은 그때까지의 규제나 세부담으로부터 자유롭고자 했습니다. 그것이 신자유주의입니다. 자유주의시대에는 오히려 사회복지나 공공투자, 즉 케인즈주의 정책이 취해지고 있었습니다. 이에 반해 아메리카가 신자유주의로 향했을 때, 그것은 19세기 말에 영국이 자유주의에서 제국주의로 향했을 때와 유사합니다. 이 시기에 우세하게 된 이데올로기가 사회다위니즘이었습니다. 적자생존, 약육강식을 당연하다고 생각했습니다. 신자유주의에서는 그와 같은 것이 생겨납니다.

예를 들어, 신자유주의로 말하면 자조(self-help), 자기책임, 적자생존과 같은 사고방식은 사회다위니즘의 재판입니다. 물론 1990년대 이후의 상태는 19세기 말과 다릅니다. 제국주의 열강이 세계를 분할하고 재분할하는 것과 같은 사태는 없습니다. 하지만 19세기 말과는 다른 의미에서 현재의 세계는 몇 개의 제국이 병립해 있는 상태가 되어 있습니다.

1990년 이후 자본주의의 글로벌리제이션에 의해 국가나 네이션이 소멸할 것이라는 전망이 나왔습니다. 하지만 그것은 어리석은 생각입니다. 국가나 네이션은 사라지지 않습니다. 그저 다른 형태를 취할 뿐입니다. 예를 들어, 유럽에서 네이션국가의 존재는 희박하게 되었습니다. 유럽 내부에 한하여 이야기하자면, 확실히 그렇습니다. 이제까지 전쟁을 반복해온 나라들은 그와 같은 주권을 방기했습니다. 유럽공동체의 이론가들은 유럽공동체는 근대적 주권국가를 넘어서는 것이라고 주장하고 있습니다. 하지만 그것은 유럽 내부만의 이야기입니다.

유럽국가들은 아메리카나 일본에 대항하기 위해 유럽공동체를 만들고 경제적·군사적인 주권을 상위조직에 양도하기에 이르렀습니다. 이것을 근대국가를 지양하는 것이라고 말할 수는 없습니다. 그것은 세계자본주의(세계시장)의 압력 하에서 국가들이 결속하여 '광역국가'를 형성하는 것에 불과합니다. 확실히 유럽 내부에서는 국가들의 대립이 사라졌지만, 그 바깥에 대해서는 전체로서 거대한 국가, 즉 '제국'으로서 나타났습니다.

이와 같은 광역국가는 처음이 아닙니다. 1930년대에 독일이 구상한 '제3제국'이나 일본이 구상한 '대동아공영권'은 그것의 선구입니다. 그리고 그것들은 영미불의 '블록경제'에 대항하는 것이었습니다. 이 시기 이런 광역국가는 '근대세계시스템', 즉 자본주의나 네이션=스테이트를 넘어서는 것으로 표상되고 있었습니다. 다른 한편으로 이것은 나치의 '제3제국'이라는 말이 보여주는 것처럼 서로마제국 이래의 '제국'을 재건하는 것이었습니다. 그와 같은 기획은 '유럽연방'을 만들려고 했던 나폴레옹에게도 있었습니다. 그것들은 말하자면 서로마'제국'을 재건하는 것을 목표로 삼았습니다. 다만 그것을 실현하려는 시도는 결국 프랑스나 독일의 '제국주의'가 되었을 뿐입니다.

오늘날 유럽공동체의 형성에 있어 유럽인은 그와 같은 과거의 실패를 잊어서는 안 됩니다. 독일과 프랑스는 경제적 군사적으로 우위에 있음이 명료함에도 불구하고, 결코 그처럼 행동하지 않으려고 합니다. 그들이 제국주의가 아닌 '제국'을 실현하려고 하는 것은 명백합니다. 하지만 그럼에도 불구하고 그것은 어디까지나 세계경제 안에서의 '광역국가'에 지나지 않습니다. 그리고 유럽의 그와 같은 움직임은 다른 지역에 같은 움직임을 초래합니다.

오히려 오늘날 두드러진 것은 중국, 인도 등 근대의 세계시스템에서 주변부에 놓여있던 기존의 '세계제국'의 등장입니다. 러시아도 소련 붕괴 후 국민국가로 분열되었지만, 다시 연방을 만들어내고 있습니다. 다음으로 구(舊)오스만제국 지역에 관해 서술하자면, 여기는 이슬람교권이지만, 이슬람교에 의해 연합하지는 않을 것입니다. 연합한다면, 오스만제국을 회복하는 형태를 취할 것입니다. 예를 들어, 시리아, 튀니지, 리비아 등 '아랍의 봄'을 경유한 나라들은 터키를 모델로 한 경제, 그리고 오스만제국과 같은 연방을 생각하고 있는 것 같습니다. 덧붙여 말하자면, 이란은 원래 세계제국이며 오스만제국 계열과는 다릅니다. 또 중남미국가도 잉카나 마야·아스텍이라는 세계제국을 기반으로 한 광역국가를 형성할 가능성이 있습니다.

어느 지역이든 국민국가는 기존의 세계제국에서 분절된 것이기 때문에, 한편으로 '문명'의 공동성을 가지는 것처럼 분열과 항쟁의 생생한 과거도 가지고 있습니다. 하지만 국가들이 네이션으로서의 각자의 기억을 괄호에 넣고 자신들의 주권을 대폭 제한하여 공동체를 결성하려고 한다면, 그것은 그들이 현재 세계자본주의의 압력을 절실히 느끼고 있기 때문입니다. 에른스트 르낭은 네이션이 형성되기 위해서는 과거의 기억과 동시에 과거의 망각이 필요하다고 서술했습니다만, 같은 것을 광역국가의 형성에 대해서도 말할 수 있습니다. 즉 그것들 또한 '상상의 공동체'인 것입니다.

4. 다음 헤게모니국가, 자본주의의 종말

　세계 각지에서 '제국'이 생겨난다는 것은 아메리카의 헤게모니가 쇠퇴하고 있다는 이야기입니다. 물론 아메리카는 군사적으로 압도적인 강국이지만, 경제적으로는 이제 헤게모니국가일 수 없습니다. 이것은 현재 우리가 헤게모니국가가 존재하지 않고 제국이 헤게모니를 노리고 경합하는 단계, 즉 '제국주의적'인 단계에 들었다는 것을 의미합니다.

　120년 전의 이와 같은 상황은 어떠했을까요. 그것은 최종적으로 제1차 대전으로 나아갔습니다. 그 결과 아메리카가 헤게모니국가가 되었습니다. 그러므로 문제는 이것이 반복될지입니다. 나의 답은 Yes, and No입니다. Yes라는 것은 제국 간의 항쟁이 앞으로 강화될 것이 확실하기 때문입니다. No라는 것은 이 항쟁과정을 통해 다음 헤게모니국가가 출현할 것 같지 않기 때문입니다. 중국이나 인도가 앞으로 경제대국이 된다는 점은 의심의 여지가 없습니다. 하지만 그들이 새로운 헤게모니국가가 될 것인지는 의심스럽습니다. 왜냐하면, 중국이나 인도의 발전 그 자체가 세계자본주의의 종말을 초래할 가능성이 있기 때문입니다.

그러므로 우선 생각하고 싶은 것은 산업자본주의는 어떻게 존속가능한가 하는 문제입니다. 산업자본주의경제가 존속하는 데에는 다음 세 가지 조건이 필요합니다. 첫째로, 그것은 공업생산의 외부에 무진장한 자연이 있다는 전제입니다. 자연이 무진장 있다는 것, 그것은 자연계가 공업생산의 폐기물을 흡수할 정도로 무진장하다는 것입니다. 이것은 현재 어느 측면에서든 한계에 도달해 있습니다.

둘째로, 산업자본은 끊임없는 기술혁신을 필요로 합니다. 하지만 그것이 영속한다는 보증은 없습니다. 오히려 그 한계에 가까워지고 있습니다. 예를 들어, 아담 스미스는 자기 시대의 경제성장은 일시적인 현상이며, 머지않아 자본주의경제는 정상(定常)상태로 안정될 것이라고 예측했습니다. 그는 기술혁신이 계속될 것이라고 생각하지 않았던 것입니다. 스미스의 예측은 틀렸지만, 그의 생각은 지금도 시사적입니다. 즉 기술혁신이 끝나면, 자본주의는 어떻게 될까요.

하지만 산업자본주의의 한계는 자연환경이나 기술혁신보다도 노동력상품이라는 문제에서 발견되어야 합니다. 산업자본주의경제의 성장은 값싼 노동자=새로운 소비자의 끊임없는 등장을 전제로 하고 있습니다. 그것은 주변부·농촌부에서 제공됩니다. 이는 자본제경제가 비자본제경제에 의존해왔다는 것을 의미합니다. 그와 같은 외부가 없으면, 임금이 오르고 일반적 이윤율의 저하가 생깁니다. 1980년대에 신진자본주의국가에서 자본은 '일반적 이윤율의 저하'로 매우 힘들었습니다. 그러므로 90년대 이후 자본=국가는 글로벌리제이션을 요구했습니다. 바꿔 말해, 자본=국가는 그때까지 시장에 들어오지 않은 세계에서 활로를 찾았습니다. 즉 중국이나 인도로 향한 것입니다. 새로운 노동자=소비자를 그곳에서 찾았습니다. 그것을 통해 세계자본주의는 생명을 연장했습니다.

  하지만 자본제경제의 '외부'는 무진장하게 존재하는 것이 아닙니다. 중국이나 인도에서 급속한 산업화가 이루어짐에 따라 농촌은 소멸되어 갑니다. 그것에 의해 노동력상품의 등귀 및 소비의 포화와 정체가 생깁니다. 그렇게 되면, 이제 그 이상의 외부는 없습니다. 중국의 자본도 이미 외부, 예를 들어 동남아시아나 아프리카로 향하고 있습니다. 따라서 앞으로 세계자본주의가 '일반적 이윤율의 저하'로 힘들어 할 것은 분명합니다. 현재 생겨나는 위기는 그저 신용의 위기가 아닙니다. 그 근저에 '일반적 이윤율의 저하'가 있습니다.

  그렇지만 이와 같은 자본주의의 한계는 자본주의가 자동적으로 끝난다는 것을 의미하지 않습니다. 사실 이것이 문제입니다. 자본은 단독으로 존재하는 것이 아닙니다. 그것은 자본=네이션=스테이트로서 존재합니다. 자본의 위기는 동시에 네이션=스테이트의 위기이고, 후자는 어떻게든 자본의 자기증식을 확보하려고 합니다. 그러므로 앞으로의 세계는 다시 제국주의적 전쟁으로 향할 것이라고 생각합니다.

5. 동아시아에서 역사와 반복

  되돌아보면, 19세기 말에 세계자본주의는 '일반적 이윤율의 저하'와 그 결과인 만성불황에 시달렸습니다. 그 결과가 제국주의전쟁이고, 또 그것이 세계전쟁에 이르렀습니다. 나는 이미 120년이라는 주기성을 제시했습니다. 여기서 보면, 1890년대와 현재의 유사성이 보입니다. 앞서 서술한 것처럼 현재의 '신자유주의'는 1890년대의 제국주의와 유사합니다.
  이 유사성은 특히 동아시아를 볼 때 분명합니다. 현재 동아시아의 지정학적 구조는 1890년대에 형성된 것입니다. 예를 들어, 현재의 동아시아에는 중국, 북한, 한국, 대만, 일본, 그리고 아메리카와 러시아가 존재하는데, 이것은 청일전쟁 전후의 상황과 유사합니다.
  첫째로, 청일전쟁 무렵의 중국은 원래 대국이었을 뿐만 아니라 아편전쟁 이후 군대의 근대화를 통해 일본에게 있어 강적이었습니다. 이어서 청일전쟁에 이른 원인 중 하나는 조선왕조의 두 파, 즉 일본 측에 서서 개국을 하려는 파와 청조의 지원을 받아서 쇄국을 유지하려는 파의 대립에서 시작되었습니다. 오늘날 '남북조선'의 분단은 어떤 의미에서 여기에 뿌리를 두고 있습니다. 이어서 대만은 청일전쟁 후 청조가 배상으로 일본에 준 것입니다. 이에 더하여 이 시기 하와이왕국을 멸망시키고 태평양을 넘어서 동아시아에 등장한 미국을 놓쳐서는 안 됩니다. 당시 미국은 일본과 손을 잡고 있었습니다. 예를 들어, 러일전쟁 후에는 일본이 조선을 영유하고 미국이 필리핀을 영유한다는 비밀협정이 이루어졌습니다.

이상과 같은 점에서 지금의 동아시아적 지정학 구조가 반복적이라는 것은 명확합니다. 이와 같은 동아시아의 상황과 관련하여 항상 제2차 세계대전 이전, 즉 1930년대의 상황이 이야기됩니다. 물론 그것이 현재와 이어지고 있는 것은 확실하지만, 그럼으로써 망각되는 것은 120년 전, 즉 1890년대의 일입니다. 1930년대에는 지금 서술한 것 같은 지정학적 구조는 없었습니다. 예를 들어, 남북한도 대만도 없었고 중국도 청조와 같은 강국이 아니었습니다. 따라서 오늘날을 생각할 때, 120년 전을 생각해야 합니다.

한마디로 말해, 우리는 지금 동아시아에서 청일전쟁의 전야와 가까운 상황에 있습니다. 나는 일본에서 몇 년 전부터 이것에 대해 이야기하고 있습니다만, 귀를 빌려주는 사람이 적습니다. 일본의 제국주의는 청일전쟁의 시점에서 선명해졌습니다. 당시 후쿠자와 유키치[1]라는 사상가가 '탈아입구(脫亞入歐)'라는 표현을 썼습니다. 하지만 실제로 그것은 그저 '탈아(脫亞)'가 아니라 서양열강과 나란히 '입아(入亞)'하는 것이었습니다. 청일전쟁이라는 시점에서 '탈아입구'라는 선택이 일본을 제2차 대전의

1_ 福澤諭吉: 1835-1901. 일본 개화기를 대표하는 계몽사상가, 교육가, 저술가. 유길준, 윤치호 등 개화파 지식인들에게 많은 영향을 주었다. 갑신정변 실패 후 '탈아입구'를 주장하면서 기존의 아시아연대론을 철회했다. 주요 저서로 『서양사정』, 『학문을 권함』(남상영 옮김, 소화), 『문명론의 개략』(임종원 옮김, 제이앤씨), 『후쿠자와 유키치 자서전』(허호 옮김, 이산) 등이 있다.

패전에 이르는 길로 이끈 것입니다.

앞서 서술한 것처럼 현재와 같은 동아시아의 지정학적 구조가 형성된 것은 청일전쟁 무렵입니다. 즉 그와 같은 구조를 가져온 것은 일본의 선택이었습니다. 따라서 현상을 바꾸기 위해서는 지금 시점에서 120년 전에 행한 일본의 선택을 바꾸지 않으면 안 됩니다. 그것은 단순히 과거를 반성하는 것을 뜻하지 않습니다. 실제로 그것을 바꾸는 것이며, 또 그것은 가능합니다.

그럼에도 불구하고 일본은 또 다시 '탈아'의 길을 가려고 합니다. 즉 미국과 결탁하여 중국과 대치하는 길을 선택하고 있습니다. 아마 미국은 일본만이 아니라 인도 및 그 밖의 아시아 국가들을 끌어들여 중국에 대항하려고 할 것입니다. 일본이 2012년 7월 7일 갑자기 센카쿠(尖閣)열도[2]의 국유화 선언을 한 배후에는 그와 같은 전망이 있는 것입니다. 그리고 그것을 위한 여론조작이 이루어졌습니다. 또 그것이 성공하고 있는 것처럼 보입니다.

그런데 현재의 상황은 유사하긴 하지만 120년 전과는 다릅니다. 무릇 중국은 지난날의 청조처럼 쇠퇴하고 있지 않습니다. 그러기는커녕 어쨌든 당분간 발전해가는 상태에 있습니다. 한편 아메리카는 쇠퇴하고 있습니다. 일본도 마찬가지입니다. 이런 것이 청일전쟁과 결정적으로 다른 점입니다. 그러므로 만약 역사가 반복된다면, 120년대와는 반대의 결과

2_ 중국명은 댜오위다오(釣魚島). 일본 오키나와의 서남쪽 약 400km, 중국 대륙의 동쪽 약 350km, 대만의 북동쪽 약 190km 떨어진 동중국해상에 위치한 센카쿠열도(댜오위다오) 등 8개 무인도로 구성되어 있고, 총 면적은 6.32km²이다. 현재 일본이 점유하고 있으나 중국과 대만이 영유권을 주장하고 있다. 이곳을 둘러싼 분쟁은 인근 해역의 석유매장 가능성, 배타적 경제수역 및 대륙붕 경계선 미확정, 중동과 동북아를 잇는 해상교통로이자 전략요충지 등의 쟁점을 가지고 있다.

가 생길 것이라고 생각하는 쪽이 좋을 것입니다. 그런데 이런 의미에서도 일본은 반복을 피해야 합니다.

한편 120년 전의 선택을 바꾸기 위해서 일본이 '탈아'와는 반대로 '입아'를 선택하면 되지 않는가 하는 의견이 있습니다. 하지만 청일전쟁 시기에 그것이 어려웠던 것처럼, 지금도 그것은 어렵습니다. 예를 들어, 일본이 미국 측에 붙으면, 일본과 중국의 대립이 생기지만, 일본이 중국 측에 붙으면 일본과 미국의 대립이 생깁니다. 요컨대 일본이 탈아·입구 어느 쪽을 취하든 동아시아에 전쟁의 위기가 닥쳐오고 있습니다. 일시적으로 그것을 회피해도 앞으로 그것이 일어날 것입니다. 동아시아만이 아니라 세계적인 대립이나 전쟁이 확대될 가능성이 있습니다. 이런 가운데서 어떻게 하면 좋을까요. 좀 더 근본적으로 어떻게 생각하면 좋을까요. 물론 그것은 일본만의 문제가 아닙니다. 내가 『세계사의 구조』에서 쓰려고 한 것은 이 문제였습니다.

이 책에서 나는 교환양식이라는 관점을 제기했습니다. 간단히 말해, '교환양식'에는 네 가지 타입이 있습니다. A 증여의 호수, B 지배와 보호, C 상품교환 및 이것들을 넘어서는 무언가로서의 D. 여기서 주목해야 하는 것은 이들 교환양식에는 각기 다른 힘이 존재한다는 점입니다. 예를 들어, 교환양식B로부터는 국가권력이 생겨납니다. C로부터는 화폐의 힘이 생겨납니다. 그렇다면 A는 어떨까요. 증여의 힘이 생깁니다. 알기 쉽게 말하자면, 답례를 하지 않으면 엄한 응보를 받습니다. 미개사회에서는 이것이 가장 강한 힘이었습니다. 인류학자 마르셀 모스는 그와 같은 주술적 힘을 마오리족을 따라서 하우라고 명명했습니다만, 중요한 것은 증여·답례라는 호수제로부터 생겨나는 힘은 무력이나 권력보다 훨씬 강하다는 것, 그리고 지금도 그렇다는 것입니다. 이와 같은 '힘'이 있다는 것을 염두에 두고 내 이야기를 들어주시기 바랍니다.

6. 전쟁의 방기와 세계동시혁명

지난 제국주의시대에 레닌은 '제국주의전쟁에서 혁명으로'라고 썼습니다. 하지만 나는 그와 같은 생각을 거부합니다. 왜냐하면, 전쟁에서 혁명을 얻는 것보다 전쟁을 멈추는 쪽이 혁명적이기 때문입니다. 그렇다면 올 수밖에 없는 전쟁을 저지하기 위해 어떻게 하면 좋을까요. 사실 그것은 간단합니다. 국가가 전쟁을 방기하게 하면 됩니다. 구체적으로 말해보지요. 일본의 헌법에는 제9조에 전쟁방기가 씌어져 있습니다. 이 헌법9조는 청일전쟁의 시점에서 일본이 한 선택이 궁극적으로 가져온 결과입니다. 그러므로 청일전쟁 이후의 선택을 바꾸기 위해서는 이 헌법9조를 실행하는 것이 최선이고, 그것밖에 없습니다.

일본의 헌법9조는 이제까지 실행된 적이 없습니다. 하지만 폐기된 적도 없습니다. 보수파는 이 헌법이 아메리카에 의해 강요된 것이라고 계속 말하고 있습니다. 하지만 당사자인 아메리카가 이 9조를 폐기하려고 했을 때, 일본인은 그것에 저항했습니다. 그 후 어떤 반동적 정권도 9조를 폐기할 수 없었습니다. 이런 의미에서 헌법9조는 일본인이 제정한 것입니다. 그러므로 이 9조를 실행에 옮기면 됩니다. 물론 이것을 실행하기 위해서는 말하자면 혁명과 다름없는 혁신이 필요합니다. 하지만 그것은 불가능하지 않습니다. 군비를 확대하고 전쟁에서 이기는 것에 비하면 오히려 용이합니다.
 전쟁의 방기에 관해 중요한 것은 그것을 '복종'으로서가 아니라 '증여'로서 행하는 것입니다. 군사적인 주권을 '증여'하는 것은 복종과는 다릅니다. 증여하는 데에는 말하자면 '증여의 힘'이 수반됩니다. 이처럼 말하면, 무릇 증여의 힘이 무력보다도 강할 수 있을까. 그럴 리는 없다. 비현실적이다. 이런 대답이 바로 나올 것입니다. 하지만 나는 그렇게 생각하지 않습니다. 지금처럼 계속 전쟁으로의 길로 향하고 있을 때, 계속해서 무력이나 재력의 증강에 호소하는 것이 과연 리얼리스틱한 것일까요. 그런 식으로 해결할 수 있다고 생각하는 것이야말로 공상적입니다.
 예를 들어, 일본이, 어느 나라든 상관없습니다만, 전쟁방기를 선언할 경우, 다른 나라가 그와 같은 나라를 공격할까요. 만약 공격한다면, 그 나라는 전 세계 여론의 집중적인 비난을 받고 회복이 불가능한 불명예를 뒤집어쓸 것입니다. 그러므로 증여에는 힘이 있습니다.
 현재의 유엔은 칸트가 『영원한 평화를 위하여』에서 서술한 '국가연합'이라는 구상에 근거하고 있는데, 이에 대해서는 처음부터 실제적인 패권을 잡은 나라가 없으면, 유엔은 기능을 하지 않는다는 비판이 있었습니다. 지금도 있습니다. 실제로 지금의 유엔은 미국 등 강국에 의해 뒷받침되고 있습니다. 바꿔 말해, 현재의 유엔은 무력이나 재력, 즉 교환양식B와 C에 근거하고 있습니다. 하지만 나는 칸트가 말하는 국가연방이 실현되기 위해서는 그것과는 다른 원리에 근거하는 것이어야 한다고 생각합니다.
 칸트가 말하는 '세계공화국'은 근대세계시스템을 넘어선 세계시스템입니다. 그것은 이제까지와는 다른 교환원리, 즉 D에 근거하는 것입니다. 교환양식D란 교환양식A의 고차원적인 회복입니다. 씨족사회에서는 무력이 아니라 증여의 호수제에 근거하여 연방조직이 형성되었습니다. 마찬가지로 교환양식D의 경우 증여의 힘에 의해 연방조직이 만들어집니다. 즉 근대세계시스템을 넘어서는 세계시스템은 증여와 그 힘에 의해 성립합니다. 아니 그것에 의해서만 성립하는 것입니다.

일본을 예로 말하자면, 전쟁의 방기=증여는 120년 전의 반복을 피하고 그것을 새롭게 바꿀 뿐만 아니라, 좀 더 보편적으로 세계사적인 의미를 갖게 됩니다. 아마 일본은 그것과는 반대의 길을 걸을 것이지만, 결국은 그것에 도달할 수밖에 없습니다. 게다가 일본이 그것을 실행하지 않으면, 이웃나라가 실행하면 됩니다. 그와 같은 나라가 나올 거라고 생각합니다. 내가 생각하기에 그것은 어디든 먼저 한 나라가 그렇게 하는 것만으로 '세계동시혁명'이 됩니다. 내가 『세계사의 구조』에서 쓴 것은 무엇보다도 이것을 말하기 위해서였습니다. 오늘의 설명으로는 잘 모르겠다는 분들이 많을 것입니다. 하지만 저는 오늘 한 이야기가 계기가 되어 『세계사의 구조』를 읽어주실 거라 기대합니다.

VII. 데모를 하는 사회

1. 언제부터 일본에서 데모가 사라졌는가

  2011년 9월 11일에 있었던 신주쿠(新宿)역 앞 반원전 집회에서 나는 다음과 같은 이야기를 했습니다. 데모에 나가게 된 뒤로 나는 다음과 같은 질문을 받는다. 데모로 무엇이 가능한가, 데모로 사회가 바뀌는가? 이에 대해 나는 다음과 같이 답한다. 데모로 사회는 바뀐다, 왜냐하면 데모를 함으로써 '데모를 하는 사회'로 바뀌기 때문이다.

  내가 말하고 싶었던 것은 데모가 그저 수단이 아니라는 점이었습니다. 최근까지만 해도 일본에는 의회도 있고 언론의 자유도 있었지만 데모는 없었습니다. 데모가 없다는 것은 정치적인 불만이나 충돌이 없다는 의미이니까 뭐 좋은 것이 아닌가 라고 말하는 사람이 있습니다. 하지만 그것은 결정적인 결락이라고 생각합니다. 일본에 데모가 없다는 사실을 통감한 것은 2003년 이라크전쟁 때입니다. 나는 그때 아메리카에 있었습니다만, 세계 각지에서 거대한 데모가 일어난 사실이 보도되었습니다. 그런데 그 가운데 일본에서의 데모는 오키나와를 예외로 하면 적었습니다. 일본은 헌법을 어겨가면서까지 처음으로 해외파병을 단행했기 때문에, 반대운동이 좀 더 고조되어도 됐을 텐데, 그렇게 되지 않았습니다. 내가 데모에 대해 사고하기 시작한 것은 그 무렵부터입니다.

나는 1960년에 대학에 들어간 후 바로 전학련[1] 데모에 참여했기 때문에 데모가 있는 것을 당연하게 여겼습니다. 60년 6월은 시민에 의한 데모가 연일 대규모로 열렸습니다. 이때는 전학련의 데모도 눈에 띄지 않을 정도였습니다. 마루야마 마사오[2]나 구노 오사무[3]는 이에 감명을 받아 거기서 일본 시민사회의 정착을 보았습니다. 이 시기 학생들 사이에서는 그런 사고방식이 시민주의, 진보주의로서 조소되고 있었습니다. 이런 경향은 이후에도 계속되었습니다. 그 정점이 60년대 말 전공투(全共鬪)[4] 등의 학생운동이 고조되었던 시기입니다. 하지만 이 시기에는 이미 60년대 6월에 있었던 것과 같은 웅대한 일반시민의 데모는 없었습니다. 학생이나 신좌익 활동가들이 주(主)였고, 운동이 쇠퇴함에 따라 데모의 참여자는 제한적이 되어 갔습니다. 동시에 데모가 폭력적이 되었습니다. 일반사람들이 나갈 수 있는 데모가 아니게 되었습니다. 그 결과 데모는 사라지고 말았습니다. 일본은

─────
1_ 전일본학생자치회총연합(全日本學生自治會總連合)의 약칭으로, 1948년 9월 일본 전국 145개의 대학에 의해 결성되었다.

2_ 丸山眞男: 1914-1996. 전후 일본을 대표하는 정치학자. 대표작으로 『일본정치사상사 연구』(김석근 옮김, 통나무), 『현대정치의 사상과 행동』(김석근 옮김, 한길사). 『충성과 반역』(김석근 옮김, 나남), 『<문명론의 개략>을 읽는다』(김석근 옮김, 문학동네) 등이 있다.

3_ 久野收: 1910-1999. 일본의 철학자, 평론가. 체계적인 저작은 없지만, 많은 평론과 대담을 통해 전후일본의 정치사상에 큰 영향을 끼쳤다. 전후 민주주의 형성에 기여한 인물 중 한 명으로 평가된다. 주요저서로 쓰루미 슌스케와의 공저 『일본근대사상사(원제: 現代日本の思想―その五つの渦)』(심원섭 옮김, 문학과지성사) 등이 있다.

4_ 전학공투회의(全學共鬪會議)의 약칭으로, 1968년 무렵 대학투쟁, 대학분쟁 시기에 만들어진 학생운동조직을 가리킨다.

'데모를 하지 않는 사회'가 된 것입니다.

하지만 이상과 같은 견해는 잘못된 것은 아니지만 피상적인 것입니다. 예를 들어, 와쓰지 데쓰로[5]는 쇼와 초기 독일에 있었을 때의 경험에 근거하여 다음과 같이 쓰고 있습니다.

> 공산당이 시위운동을 하는 날에는 창문 하나에 적기(赤旗)가 걸리고, 국수당(國粹黨)이 시위운동을 하는 날에는 옆 창문에 제국기(帝國旗)가 걸리는 것과 같은 명백한 태도결정의 표시, 또는 시위운동에 항상 기꺼이 한 사람의 병졸로 참여하는 것을 공공인의 의무로서 생각하는 것과 같은 각오, 이것은 데모크라시에 없어서는 안 되는 것들이다. 그런데 일본의 민중 사이에는 이런 관심이 존재하지 않는다. 그래서 정치는 그저 지배욕에 의해 움직이는 사람들의 전문적인 직업이 되었다. 특히 두드러진 것은 무산대중운동이라고 불리는 것이 실은 '지도자'들만의 운동이어서 지도받는 사람을 거의 또는 드물게 포함하고 있다는 매우 진귀한 현상이다. 물론 그것은 이 운동이 공허하다는 것을 보여주지는 않는다. 하지만 일본민중이 마치 공원을 어지럽힐 때의 태도에서 보여주고 있는 것처럼 공공적인 것을 '남의 것'으로 여기고 있다는 점, 따라서 경제제도의 변혁과 같은 공공적인

5_ 和辻哲郞: 1889-1960. 효고현 출신. 도쿄제국대학을 졸업하고 교토제국제학 등을 거쳐 모교의 교수가 되었다. 헤겔을 전형으로 하는 체계적 철학에 철저하게 반항했던 니체나 키르케고르에 일찍 주목하여 『니체 연구』(1913), 『쇠렌 키르케고르』(1915) 등을 냈으며, 이후 베스트셀러가 된 『옛 절(古寺)순례』(1919) 등도 썼다. 주요저서로 『인간의 학으로서의 윤리학』(1934), 『풍토-인간학적 고찰』(1935), 『윤리학』(전3권, 1937-49) 등이 있다.

문제에 진심어린 관심을 갖지 않는다는 것, 관심은 그저 '집' 내부의 생활을 보다 풍요롭게 하는 것에만 관계한다는 것이 여기에 명백히 나타나고 있다고 생각한다.[6]

이렇게 보면, 일본의 1970년 이후에 보이는 현상은 옛날과 그리 다르지 않습니다. 즉 1960년 6월의 현상 쪽이 오히려 이례적이며 마루야마 마사오 등이 감명을 받은 것도 그 때문입니다. 그런데 와쓰지가 『풍토』에서 데모를 예로 삼은 것은 일본인의 '공공성에 대한 무관심'을 지적하기 위해서였습니다. 그는 그 원인을 다음 같은 점에서 찾았습니다. 서양에서 자유도시는 길드, 동업자조합 등의 사회적 결합에 의해 성립하고, 바깥에 대해서는 성벽에 의해 구분된다. 따라서 서양에서 개인은 성벽에 의해 외계(外界)로부터 구분된 도시공동체 안에서 자란다.

이에 반해 일본에서 개인은 '집' 안에 있으며, 공공성에 대해 무관심하다. 서양에서는 집 안에서도 사적이지 않다. 사적인 것은 방뿐이고 복도는 공적이다. 그러므로 방에 열쇠가 채워진다. 이에 반해 일본인은 울타리로 둘러싸인 집 안에서 거주한다. "전자에서는 공공적인 것에 대한 무관심을 수반한 인종(忍従)이 발달하고, 후자에서는 공공적인 것에 대한 강한 관심 및 관여와 함께 자기주장의 존중이 발달했다. 데모크라시는 후자에서 진정으로 가능하게 된다."[7]

이렇게 말하면, 와쓰지 데쓰로의 이야기가 서양을 우위에 놓는 사고처럼 보이지만, 꼭 그런 것은 아닙니다. 예를 들어, 그가 생각하기에

6_ 和辻哲郎, 『風土』, 岩波文庫, 1979, 201-202頁[와쓰지 데쓰로, 『풍토와 인간』, 박건주 옮김, 장승, 1993, 186-187쪽].

7_ 和辻哲郎, 『風土』, 201頁[와쓰지 데쓰로, 『풍토와 인간』, 186쪽].

중국도 일본과는 이질적이며 오히려 서양과 닮아있습니다. 중국의 도시도 성벽으로 둘러싸여 있으며 사회는 동향단체의 어소시에이션으로서 존재했습니다. 국가는 그 표층에 존재하는 그저 관료조직에 지나지 않습니다. "지나(シナ)의 민중은 국가의 힘을 빌리지 않고 그저 동향단체를 활용하여 이 광범위한 교역을 능숙히 처리해 갔다. 따라서 무정부적인 성격은 이런 경제적 통일의 방해가 되지는 않았다. 지나의 국가라고 불리는 것은 이런 민중을 올라탄 관료조직이지 국민의 국가적 조직은 아니었다."[8]

물론 와쓰지의 고찰은 여러 가지 점에서 불충분합니다. 예를 들어, 그의 고찰은 독일유학 때에 목격한 데모 경험에 근거하지만, 그로부터 머지않아 나치체제가 생겨났다는 것을 사상(捨象)하고 있습니다. 또 와쓰지는 일본에는 '공공적인 것에 대해 무관심한 인종'이 있다고 말하는데, 꼭 그렇지는 않습니다. 사람들은 공공적인 것이 '울타리'를 넘어서 침입해오면, 맹렬히 반격합니다. 예를 들어, 쓰레기소각장건설이나 식료품오염과 같은 것이 있으면, 격렬한 주민운동이 일어납니다. 하지만 크게 이야기하면 와쓰지의 고찰은 맞습니다.

8_ 和辻哲郎, 『風土』, 岩波文庫, 1979, 158頁[와쓰지 데쓰로, 『풍토와 인간』, 149쪽].

2. 개인석출¹의 타입

　와쓰지 데쓰로가 지적한 것, 즉 공공성과 개인의 문제를 좀 더 보편적으로 이론화한 이는 마루야마 마사오입니다. 그는 전통적 사회(공동체)에서 개인이 분리되어 나오는 패턴을 고찰했습니다.² 이것 또한 특별히 데모에 관한 고찰은 아니지만, '데모를 하는 사회'를 사고하는 데에 있어 매우 시사적입니다. 마루야마는 근대화와 함께 생겨나는 개인의 사회에 대한 태도를 결사형성적(associative)과 비결사형성적(dissociative)이라는 세로축과 정치적 권위에 대한 구심적 태도와 원심적 태도라는 가로축에 의한 좌표로 분석했습니다. 그것은 표처럼 네 가지 타입이 됩니다.

1_ 아래에서 다루는 마루야마 마사오의 논문에서 가져온 표현으로, '석출(析出)'이란 ①'액체나 기체로부터 어떤 물질이 결정형태로 분리되어 나오는 것'을 가리키는 화학용어인데, 비유적으로 ②'통계적 자료 등을 분석하여 전반적인 경향을 파악하는 것'을 뜻하기도 한다.
2_ 丸山眞男,「個人析出のさまざまなパターン」(1968),『丸山眞男集』(第九卷), 岩波書店, 1996.

② 자립화 individualization	① 민주화 democratization
③ 사화(私化) privatization	④ 원자화 atomization

간단히 설명하면, 민주화된 개인의 타입①은 집단적인 정치활동에 참여하는 타입입니다. 자립화한 개인의 타입②는 집단적 정치활동에서 벗어나 있지만 결사형성적입니다. 바꿔 말해, 평소에는 개인주의적이지만, 여차하면 어소시에이션을 형성하고 정치적으로 참여합니다. ①이 중앙권력을 통한 개혁을 지향하는 데에 반해, ②는 시민적 활동을 중시합니다. 이어서 사화된 개인의 타입③은 ①의 정반대입니다. 공공적인 것에의 관여를 거부하고 사적인 세계에 틀어박히는 타입입니다.

이어서 원자화된 타입④는 ③과 닮아있지만, 다음과 같은 점에서 다릅니다. ④는 보통 공공의 문제에 대해 무관심하지만, 종종 열광적인(fanatic) 정치참여로 비약합니다. 즉 ③이 정치참여를 거부하는 데에 반해, ④는 '과잉정치화와 완전한 무관심' 사이를 왕복합니다. 이것은 '대중사회'에서 개인의 존재방식이라고 해도 좋습니다.

이들 네 가지 타입과 관련하여 다음과 같은 점에 주의해야 합니다. 마루야마 마사오는 말합니다. "어떤 인간이 이 네 가지 중 어떤 형태에 전면적으로 그리고 순수하게 속하여 전 생애에 걸쳐 변하지 않는 경우는 매우 드물다."[3] 그리고 이것은 사회 전체에 대해서도 말할 수 있습니다. 각 사회는 이런 타입들의 분포에 의해 구성되고, 또

3_ 丸山眞男, 「個人析出のさまざまなパターン」, 위의 책, 386頁.

그 분포 정도는 문화적 사회적 조건에 따라 다릅니다. 마루야마에 따르면, 일반적으로 근대화가 내발적으로 천천히 생기는 경우, ②와 ③의 분포가 많게 되고, 다른 한편으로 후진국의 근대화에서는 ①과 ④의 분포가 많게 됩니다. 또 일반적으로 자본주의경제가 침투하고 대중사회가 되어감에 따라 ④가 강해집니다.

이 경우 일본에 특징적인 것은 자립화하는 개인인 타입②가 적고, ③의 타입이 많다는 점입니다. 일본에서는 개인주의적인 경우 거의 사적이 되고 공공적인·정치적인 관심을 갖지 않게 됩니다. 문학으로 말하면, '사소설'이 주류가 됩니다. 와쓰지 데쓰로가 『풍토』에서 지적한 것은 그와 같은 측면입니다. 그리고 ③타입은 ④의 아톰화된 개인으로 바뀌기 쉽니다. 통상 이런 현상은 자본주의적 발전으로 설명되지만, 일본에서는 그것이 그다지 발전되어 있지 않은 메이지시대부터 이미 '대중사회'현상이 나타났습니다. 그것은 개인이 아톰화하는 것에 저항하는 요소가 부족했다는 의미일 것입니다.

패전 후 일본에서는 처음으로 ①타입이 많았습니다. 따라서 혁명운동이 융성했습니다. 하지만 경제부흥과 더불어 ③이 지배적이 되었습니다. 문학으로 말하면, '제3의 신인'[4]이라고 불리는 '사소설'적인 것이 주류가 되었습니다. 그 때문에 노동조합이나 학생자치회만이 데모에 나가게 되었습니다. 예외는 1960년 6월의 안보투쟁에서 광범위한 시민이 참여한 것입니다. 앞서 서술한 것처럼 마루야마 마사오 등은

4_ 1955년을 전후하여 등장한 일련의 작가군을 가리키는 말로, 이들은 전후문학의 관념성 및 실험성과 선을 그으며 일상적·생활적인 감각과 의식을 꿰뚫은 작품을 발표했다. 대표적인 작가로 요시유키 준노스케(吉行淳之介)·야스오카 쇼타로(安岡章太郞)·쇼노 준조(庄野潤三) 및 고지마 노부오(小島信夫) 등이 있다.

거기서 일본 시민사회의 정착을 보려고 했습니다. 즉 ②타입이 출현한 점을 평가한 것입니다. 하지만 그것은 오래 지속되지 않았습니다.

많은 사람들은 다시 '사적'이 되었습니다. 물론 60년대 후반에는 신좌익운동이 융성했지만, 그것은 거의 학생층에 한정되었습니다. 즉 ①과 ④로 이루어진 것이었습니다. 그것은 오히려 ②와 같은 타입을 규탄하는 것이었습니다. 그 결과 운동이 시들해지자, 데모는 와쓰지가 말하는 '지도자'들만의 운동이 되고 말았습니다. 어떤 의미에서 신좌익의 과격한 데모가 일반 시민의 데모를 억압해버렸다고 말할 수 있습니다. 하지만 일반 시민의 데모가 존재하지 않기 때문에, 데모가 과격화되었다고 말할 수도 있습니다.

그런데 이와 같은 투쟁의 '좌절' 이후 사람들은 다시 ③으로 향했습니다. 즉 공공적인 것에 무관심하게 되었습니다. 더욱이 그것은 ④로 향했습니다. 소위 '소비사회'가 풍미한 것입니다. 이와 같은 변화는 동시기 구미와 평행하는 측면이 있지만, 동시에 근본적으로 다른 부분이 있습니다. 구미에서도 신좌익 과격파운동은 완전히 몰락했지만, 여전히 시민의 다양한 데모는 계속되었습니다. 즉 그곳에는 ②가 남아 있었습니다. 일본에서는 역으로 과격파가 살아남았지만, ②는 없어지고 ③과 ④의 사조가 지배적이 되었습니다. 다만 이처럼 말하면, 구미에서의 시민의식의 성숙이라는 식의 논의가 되어버립니다. 따라서 비교의 예를 한국에서 취해보지요.

한국에서는 예나 지금이나 데모가 활발합니다. 그것은 말하자면 ①이 강하기 때문입니다. 마루야마가 말하는 것처럼 후진국형입니다. 하지만 이런 경향은 1990년대 이후의 민주화나 경제성장 이후에도 기본적으로 변하지 않고 있습니다. 그것은 일본과 다르게 '공공적인 것에 대한 관심 및 관여'를 우위에 놓는 문화적 전통이 강고히 존재하기 때문입니다. 그것은 고려왕조 이래의 관료제국가 하에서 형성된 것입니다. 따라서 한국사회에서 사적인 관심을 우위에 놓는 ③타입이 주류가 되는 일은 있을 것 같지 않습니다. 문학으로 이야기하자면, 많은 점에서 근대일본문학의 영향을 받았음에도 불구하고 '사소설'은 결코 받아들이지 않았습니다. 확실히 한국에서도 ①과 같은 타입은 감소하고 있으며, 정보사회화와 함께 ③과 ④타입이 증가하고 있습니다. 하지만 그와 더불어 ①타입으로부터는 거리를 두면서 정치적인 커미트먼트(commitment)를 모른 체하지 않는 ②타입이 증가하고 있습니다.

인터넷과 같은 통신기술이 보급됨으로써 시민의 의사표시가 다양화되었다, 가두에서의 데모는 이제 낡았다는 식의 것들이 일본에 데모가 없는 이유로서 이야기됩니다. 하지만 한국의 예는 그런 설을 반증합니다. 인터넷이 세계에서 가장 빠르게 보급되었음에도 불구하고, 한국에서 데모는 사라지지 않았습니다. 인터넷은 데모의 선전이나 연락수단으로서 사용되고 있습니다. 그러므로 사람이 데모에 나가지 않는 것은 인터넷 때문이 아닙니다. 역으로 말하면, 사람이 데모에 나가게 되어도 그것은 네트나 트위터 때문이 아닙니다.

3. 반원전 데모

1990년까지의 일본은 노동조합이 강했고, 그 밖에 부락해방동맹[1], 대학, 창가학회[2]와 같은 '중간세력'이 존재했습니다. 90년대 이후 그것들은 일본자본의 글로벌한 경쟁력을 방해하는 요인으로 연이어 비난을 받았습니다. 2000년 시점에서 이런 '중간세력'은 완전히 약체화되었습니다. 게다가 고이즈미 준이치로[3]가 등장하여 자신에게 저항하는

1_ 전전(戰前)의 전국스이헤이샤(全國水平社)의 역사적 전통을 이어받은 단체로 1946년 마쓰모토 지이치로(松本治一郎)의 지도하에서 부락해방전국위원회로서 결성되었다. 1955년에 부락해방동맹으로 이름을 바꾸고 차별행정 반대투쟁을 축으로 부락대중의 열악한 생활과 권리를 개선하는 운동을 전개했다.

2_ 니치렌(日蓮) 가르침을 근간으로 하여 1930년에 만들어진 일본 최대의 신흥종교로, 현재 192개 국가·지역에 회원을 두고 있으며, 일본 내 회원 수만 827만 세대이다. 한국에서도 수십만의 신자를 확보하고 있으며, 예전에는 '남묘호랭교'라고 부르기도 했다.

3_ 小泉純一郎: 1942- . 일본의 정치가. 2001년부터 2006년까지 일본 총리를 지냈다. 소신파이자 원칙주의자로, 야스쿠니 신사참배 의사 표명, 자위대의 집단자위권 용인 등 보수 우경화 정책을 고수하여 한국 등 주변국의 반발을 샀다.

세력을 '수구파'라 하여 일소시켰습니다. 그렇게 해서 신자유주의, 즉 자본의 전제국가가 완성되었습니다. 그 가운데에서 ③의 사적 개인, ④의 아톰화된 개인이 일반화되었습니다. 그 결과 일본은 '데모를 하지 않는 사회'가 되었습니다.

그렇다면 '중간세력'을 회복해야 할까요. 그것은 불가능할 뿐만 아니라 불필요합니다. 필요한 것은 다양한 어소시에이션을 만드는 것이고, 어떤 의미에서 지금 그것이 가능한 때입니다. 예를 들어, 지난날의 데모는 노동조합 등에 의해 조직적으로 동원되었는데, 개인이 참여하는 데모가 바람직하다고 자주 이야기됩니다. 하지만 그것은 잘못입니다. 개인이 데모에 참여하는 것처럼 보이는 경우에도 실제로는 그 개인이 누군가와 함께, 즉 어소시에이션으로서 참여하고 있습니다. 다만 그것은 이제까지의 공동체(무라村, 마치町, 노동조합, 동업조합)이 해체된 후에 생겨난 어소시에이션입니다. 개인이 참여하는 데모가 가능하게 되는 것은 그와 같은 어소시에이션이 있을 때입니다. 산산이 흩어진 아톰화된 개인이 데모에 오는 일은 없습니다.

마루야마 마사오가 말하는 결사형성적인 개인은 처음부터 존재하는 것이 아닙니다. 그와 같은 개인은 결사(어소시에이션) 안에서 형성되는 것입니다. 따라서 어소시에이션을 만드는 것이 무엇보다 중요합니다. 예를 들어, 협동조합이나 지역통화, 다양한 어소시에이션의 가능성이 있습니다. 물론 노동조합도 기업구분을 넘어선 어소시에이션으로 재건해야 합니다. 그렇지만 역시 데모가 매우 중요하다고 생각합니다. 하지만 이처럼 말하면서도 나 자신부터가 일본에서 데모가 일어날 것이라고는 결코 생각하지 않았습니다.

그런데 2011년 3.11 원전재해 후, 데모가 일어났습니다. 정확히는 4월 10일 고엔지(高円寺)[4] 데모입니다. 그 후 나 자신이 데모에 참여하게 되었습니다. 그런데 매스미디어는 데모를 묵살했습니다. 그것은 일시적인 것이고 이내 시들해질 것이라고 예상했습니다. 하지만 나는 특별히 확실한 증거는 없었지만, 직관적으로 이번은 다르다는 느낌이 들었습니다. 그것은 원전재해가 특이한 것이었기 때문입니다. 그 피해가 명료해지는 것은 오히려 이제부터입니다. 시일이 지나면 잊히는 것이 아닙니다. 인간이 잊으려고 해도, 방사성물질은 사라지지 않습니다. 그리고 새로운 원전사고의 위험이 있습니다.

게다가 원전사고는 이라크전쟁처럼 먼 바깥에서 일어나는 것이 아니라 쓰레기소각장처럼 '울타리'를 넘어 집 안으로 침입해오는 문제입니다. 실제 재해 후 방사능에 오염된 와륵(瓦礫)의 처리가 각지에서 쟁점이 되었습니다. 그런 의미에서 원전문제는 '울타리' 너머에 있는 것으로 정리될 수 없습니다. 그것은 일본인에게 있어 집 안으로 침입하는 것입니다. 그것이 데모가 일어날 기미도 없었던 일본에 거대한 데모를 가져왔다고 해도 좋습니다.

특히 2012년 6월 노다(野田)수상이 '국민의 생활을 지키기 위해' 원전의 재가동을 결단했다고 말한 후, 항의집회가 급격히 고조되었습니다. 그것은 1960년 중의원에서 일미안보조약 개정이 강행 채결되었던 밤의 일을 상기시켰습니다. 그 밤부터 엄청난 사람들이 국회를 둘러싸게 되었습니다. 다만 그때는 1개월밖에 지속되지 않았습니다.

4_ 도쿄 스기나미(杉並)구의 지역명. 2011년 3월 11일, 지진에 의한 후쿠시마 제1원전사고가 발생하자 원전폐기를 주장하는 데모가 전국적으로 일어나게 되었다. 3월 20일은 도쿄 시부야에서, 같은 달 27일은 긴자에서 1,000여 명이 모여서 항의했다. 4월 10일, 도쿄에서는 두 곳에서 데모가 있었는데, 하나는 시바공원(약 2,500명)에서이고 다른 하나는 고엔지에서(주최측 발표로는 약 15,000명)였다. 그리고 6월 11일 신주쿠에서 주최측 추산 약 20,000명이 모인 집회가 열렸다.

일본이 '데모를 하는 사회'가 되지는 않았습니다.

 2012년 6월은 어떨까요. 원전이나 오키나와의 미군기지는 일미안보 조약과 분리할 수 없는 것이고, 그런 의미에서 사태는 옛날과 다르지 않습니다. 하지만 오키나와 이외의 사람들에게 군사조약 따위는 '울타리' 바깥에 있습니다. 그에 반해 원전사고는 집 안으로 침입하는 것입니다. 그러므로 원전에 반대하는 데모가 간단히 소멸되는 일은 없다고 말할 수 있습니다. 하지만 그렇다고 해서 그것을 통해 일본이 '데모를 하는 사회'로 바뀔지 어떨지는 아직 알 수 없습니다. 따라서 그것을 위해서는 데모에 대해 좀 더 근본적으로 다시 생각할 필요가 있습니다.

4. 어셈블리

 데모에 대해 생각을 해왔다고 이야기했습니다만, 구체적으로 데모라는 것을 생각한 것은 원전데모가 시작된 후입니다. 작년 9월 11일 신주쿠데모에서는 12명이 체포되었습니다. 이와 같은 과잉경비에 대해 나는 외국인기자클럽 석상에서 공식으로 항의했습니다. 사실 나는 그때까지 데모에 관해 법률적으로 생각한 일이 없었습니다. 기자회견에 대비하기 위해 찾아보다 곧바로 깨달은 것은 일본의 헌법에는 데모에 대한 규정이 없다는 점이었습니다. 헌법21조에 '집회·결사·표현의 자유'가 있지만, 데모라는 말은 눈에 띄지 않았습니다. 그것은 데모가 집회 안에 포함되기 때문입니다.
 일본의 헌법에 공식영어는 없지만, 점령군이 만든 헌법의 원안을 봐도 집회가 어셈블리(assembly)의 번역이라는 것은 명확합니다. 어셈블리라는 단어는 assemble(모이다, 모우다)이라는 동사에서 파생된 것입니다. 이로부터 집회나 의회라는 의미가 되는데, 모이다 라는 원래의 동적인 의미가 유지됩니다. 그러므로 그것은 당연히 데모를 포함합니다. 그런데 일본어에서는 집회와 데모를 구별하고 있기 때문에 기이한 사고가 생겨났습니다. 예를 들어, 데모의 권리를 '표현의 자유'에서 구하는 사람이 있습니다. 또 집회는 자유지만, 데모는 경찰의 인가가 필요하다고 생각하는 사람이 적지 않습니다. 그리고 아이러니컬하게도 자신들은 데모를 하지 않는다, 그저 항의집회를 할 뿐이라고 주장하는 활동가까지 있습니다.

하지만 집회와 데모를 구별하는 것은 이상합니다. 데모의 자유가 없는 곳에 헌법에서 말하는 '집회(어셈블리)의 자유'는 없습니다. 일본에서는 그것이 분리된 상태가 오래 지속되었습니다. 예를 들어, 1980년대 이후 문화이벤트적 집회는 항상 성황을 이루었지만, 그것은 데모와 결부되지 않았습니다. 다른 한편으로 데모 쪽은 '지도자들의 운동'에 지나지 않았습니다. 요컨대 '어셈블리'로서의 집회·데모는 존재하지 않았던 것입니다.

그런 의미에서 3.11 이후의 일본에서 시작된 것은 데모도 집회도 아닙니다. 그것은 어셈블리라고밖에 부를 방법이 없습니다. 그렇다고 해서 이것이 서양에서 온 수입품은 아닙니다. 일본어에서 어셈블리에 가까운 말은 '요리아이(寄り合い)'[1]입니다. 그것은 근대 이전부터 있었습니다. 일본만이 아닙니다. 씨족사회의 단계부터 어떤 사회에든 '요리아이'와 같은 것이 있습니다. 그것이 역사적으로 민회나 의회로 발전한 것입니다. 하지만 현재의 의회(대표제의회)는 '요리아이'에 있었던 직접민주주의적인 요소를 잃어버렸습니다. 그렇다면 그것을 회복하기 위해서는 어떻게 해야 할까요. 어셈블리밖에 없습니다.

데모는 이제까지 정치적 목적을 위한 '수단'으로서 비쳐져 왔습니

•••• 1_ 이 단어는 기본적으로 '사람이 모이는 것. 어떤 목적을 가지고 모이는 것. 또 그 모임, 회합, 집회'를 의미하는데, 중세나 근세의 향촌에서는 농민의 자치적 회합을 가리키기도 했다.

다. 혁명당파 안에는 데모를 폭력혁명의 수단으로 간주하는 이가 많았습니다. 그러므로 데모가 과격하게 되고 소란스러운 상태가 일어나는 것을 환영했습니다. 하지만 그 결과 사람들이 데모에 오지 않게 될 것이라는 점을 몰랐습니다. 다른 한편으로 과격한 데모에 반대하는 당파가 있는데, 그들도 데모를 수단으로서 본다는 점에서는 다르지 않았습니다. 그들은 데모를 다음 선거에서 표를 획득하는 수단으로서 봅니다. 그러므로 데모 자체는 중요하지 않습니다. 어디까지나 의회가 중심입니다. 최근까지 일본에 데모가 없었던 원인 중 하나는 이상의 두 가지 태도가 지배적이었기 때문입니다.

하지만 데모는 그저 수단이 아닙니다. 나는 데모 자체가 중요하다고 생각합니다. 칸트는 도덕법칙을 "타자를 그저 수단으로서만이 아니라 동시에 목적으로서 다루어라"라는 명령에 집약시켰습니다. 이것을 흉내 내어 말하자면, 우리는 데모를 그저 수단으로서만이 아니라 목적으로서 보아야 합니다. 즉 데모는 현실적으로 무언가의 '수단'으로 존재할 수밖에 없습니다. 예를 들어, 반원전을 위한 수단으로 말입니다. 하지만 데모 자체는 동시에 '목적'으로 존재할 수 있으며, 또 그래야 합니다.

왜 사람들이 어셈블리에 오는 것일까요. 의회정치가 기능부전이기 때문임이 분명합니다. 하지만 어셈블리는 그저 의회를 보충하기 위한 수단이 아닙니다. 그것은 대표제민주주의와는 다른 민주주의의 가능성을 개시(開示)하는 것입니다. 루소는 대표제의회에서 인민은 주권자가 아니라 노예라고 말하고 있습니다. "인민은 어셈블리에서만 주권자로서 행동할 수 있다."[2]

2_ ルソー, 『社會契約論』, 桑原武夫ほか譯, 岩波文庫, 1954, 127頁[루소, 『사회계

이 경우 어셈블리를 오히려 데모로서 이해할 필요가 있습니다. "인민의 어셈블리는 어느 시대에서나 지배자들이 두려워하는 것이었다. 그래서 그들은 모여 있는 시민을 괴롭히기 위해 항상 배려, 반대, 방해, 감언을 아끼지 않았다."[3] 실제 일본에서 데모에 나가는 사람은 그것을 실감할 것입니다. 사람들이 주권자인 사회는 국회의원 선거가 아니라 데모에 의해 가능합니다. 내가 '데모를 하는 사회'라고 부르는 것은 이런 사회입니다.*

•••• 약론』, 이환 옮김, 서울대출판부, 1999, 117쪽]. 일역본의 경우, 이 '어셈블리'라는 단어를 '집회'라고 번역하고 있는 데에 반해, 국역본은 이를 전부 '의회'로 번역하고 있다.
  [3] ルソー, 『社會契約論』, 131頁[루소, 『사회계약론』, 121쪽].
  * 2012년 7월 14일 집필(저자).

옮긴이 후기

『자연과 인간』은 저자가 <한국어판 서문>에서 말하고 있는 것처럼 한국판만 존재한다. 반복이 될지 모르지만, 이 책이 만들어진 과정을 이야기하자면 이렇다. 역자는 『세계사의 구조』를 번역하던 중에 저자로부터 『『세계사의 구조』를 읽는다』라는 책을 우편으로 받았다. 이 책은 『세계사의 구조』가 출간된 이후에 행해진 여러 대담과 좌담을 모은 것으로서 이미 그 자체로 흥미로웠지만, 정작 역자의 관심을 끈 것은 맨 앞에 첨부된 300매 가량의 새 원고였다(이 책의 제1, 2, 3장에 해당된다).[1] 이 원고 제목에서 알 수 있는 것처럼, 이 글은 후쿠시마원전사태 이후 저자 스스로 '인간과 자연'이라는 측면에서 『세계사의 구조』를 다시 읽는 작업을 수행한 것이었다.

역자는 이 글만으로도 충분히 독립적으로 읽힐 수 있다는 생각에 이 부분만 우선 번역하여 팸플릿형태로 출간해도 되는지를 저자에게 문의했다. 이에 대해 저자는 흔쾌히 승낙을 해주었다. 다만 조건이

1_ 단, 이 책에 수록되면서 약간의 변화가 있었다.

붙었다. 『세계사의 구조』가 출간된 후에 그렇게 하라는 것이었다. 아마 본론이 번역되지 않은 상태에서 보론적 성격의 글만 먼저 소개될 경우 생길 불필요한 오해를 피하고 싶었던 것 같다. 그래서 『세계사의 구조』보다 먼저 소개하려는 생각은 포기하고 『세계사의 구조』 번역을 빨리 마무리하는 데에 집중했다. 그리고 마침내 작년 말 한국어판 『세계사의 구조』가 출간되었고[2] 적잖은 관심을 받았다(한 신문사는 직접 일본으로 건너가 저자를 인터뷰하기도 했다).

  역자는 저자에게 『세계사의 구조』가 출간된 사실을 전하며 앞서 말한 글의 출판을 다시 문의하려던 중 그 사이에 발표된 몇 편의 글과 강연문이 있다는 것을 알게 되었다. 그래서 저자로부터 그것들을 파일로 받아 읽어본 후 이전에 했던 제안을 다음과 같이 바꾸게 되었다. 「재해 후에 읽는 『세계사의 구조』」만을 한 권의 책으로 내기에는 분량이 너무 적으니 다른 글들과 같이 묶어서 출판하자고 말이다. 그러자 저자는 한번 생각을 해보자고 하더니 며칠 후 추가할 글들과 그것을 포함한 목차, 그리고 한국어판 서문까지 친절히 작성하여 보내주었다. 한순간에 모든 게 정리된 것이다.

  그런데 한 가지 걸리는 게 있었다. 그것은 바로 제목이었다. '『세계사의 구조』를 읽는다'든 '재해 후에 읽는 『세계사의 구조』'든 책제목으로서는 다소 산만한 느낌이 들었다. 그래서 심플한 제목을 고민하던 중 이 책 제2장의 제목을 책제목으로 하는 것이 어떠냐는 제안을 해보았다. 그러자 저자로부터 실리는 글들을 고려할 때 나쁘지 않다며 흔쾌히 수락하면서 단 '『세계사의 구조』 보유'라는 부제를 달아주었

---

[2] 이 책의 옮긴이 후기에도 썼지만, 한국어판의 경우 기왕에 나온 일본어판에 저자가 다시 수정을 가한, 현재로서는 가장 정본에 가까운 판본이다.

으면 한다는 답장이 왔다. 그리고 그와 더불어 한국어판 서문을 새롭게 다시 써서 보내주었다.[3]

부제가 말하고 있는 것처럼 이 책은 『세계사의 구조』를 보충하는 책이다. 그러므로 가급적 『세계사의 구조』 이후에 읽기를 권한다. 하지만 저자가 쓴 대부분의 글이나 저서가 그러하듯 굳이 순서에 구애될 필요는 없다. 실제 이 책 곳곳에서 『세계사의 구조』에 어떤 내용이 담겨있는지 적절히 요약하고 있기 때문이다. 따라서 저자의 의도를 거스르며 읽어도 무방하다고 생각한다. 물론 거기에는 다음에 『세계사의 구조』를 읽는다는 전제가 달릴 것이다.

쉽게 말해, 『세계사의 구조』를 읽기 위한 워밍업으로 『인간과 자연』을 활용할 수 있다. 역자가 생각하기에 이보다 더 좋은 입문서가 없다고 생각한다. 일단 강연문체로 되어 있어서 누구나 쉽게 접근할 수 있고, 『세계사의 구조』보다 자세히 설명되어 있어서 배경지식이 없는 사람도 큰 무리가 없이 읽을 수 있다. 더구나 이 책에는 최근 모두가 피부로 느끼고 있는 환경문제를 정면에서 다루고 있다.

☆ ☆ ☆

『자연과 인간』 다음으로 역자가 준비 중인 책은 작년에 일본에서 출간되어 화제를 모은 『철학의 기원』이다. 그동안 저자의 책은 문학전공자나 인문학애호가, 그리고 일반 독자들의 관심은 많이 받았지만, 정작 철학전공자들로부터는 전문적인 연구자가 아니라는 이유에서

•••• 3_ 『세계사의 구조』에 수록된 〈한국어판 서문〉도 한 번 전면적으로 수정된 것이다.

또는 해당언어(예컨대 독일어) 해독능력이 없다는 이유에서 그에 합당한 관심을 받지 못해온 게 사실이다. 하지만 아무리 그러한 그들도 이 책까지는 아마 무시하기 힘들 것이라는 게 역자의 판단이다.『근대문학의 종언』이 한국 문학계에 핵폭탄급 충격을 가져다주었다면,『철학의 기원』은 한국 철학계에 그에 맞먹는 영향을 끼칠 것으로 확신하기 때문이다.

가급적 빨리 독자들이 만날 수 있도록 하겠다.

2013년 6월 20일

조영일

* 덧붙여 이 글에 실린 글 중 일부는 지면으로 발표된 것도 있다. 하지만 이 책의 번역은 저자가 직접 보내준 파일로 이루어졌다. 따라서 지면에 발표된 것과 일부 차이가 있을 수 있음을 밝힌다.

한국어판 ⓒ 도서출판 b, 2013

자연과 인간
―『세계사의 구조』보유

초판 1쇄 발행 | 2013년 7월 25일

지은이 가라타니 고진 | 옮긴이 조영일 | 펴낸이 조기조
기획 이성민, 이신철, 이충훈, 정지은, 조영일 | 편집 김장미, 백은주
인쇄 주)상지사P&B
펴낸곳 도서출판 b | 등록 2003년 2월 24일 제12-348호
주소 151-899 서울특별시 관악구 미성동 1567-1 남진빌딩 401호 | 전화 02-6293-7070(대)
팩시밀리 02-6293-8080 | 홈페이지 b-book.co.kr | 이메일 bbooks@naver.com

ISBN 978-89-91706-67-5 03300
정가 | 20,000원

* 이 책 내용의 일부 또는 전부를 재사용하려면 도서출판 b의 동의를 얻어야 합니다.
* 잘못된 책은 교환해 드립니다.